RUSSIAN SHORT STORIES FOR BEGINNERS

8 UNCONVENTIONAL SHORT STORIES TO GROW YOUR VOCABULARY AND LEARN RUSSIAN THE FUN WAY!

OLLY RICHARDS & ALEX RAWLINGS

Russian Short Stories for Beginners: 8 Unconventional Short Stories to Grow Your Vocabulary and Learn Russian the Fun Way!

ISBN-978-1522741145

ISBN-1522741143

Free Masterclass:
How To Read Effectively
In A Foreign Language

As a special thank you for investing in this book, we invite you to attend a FREE online workshop. You'll learn our advanced techniques for effective reading, so you can make the most of these stories.

To register for the workshop, simply visit:

http://iwillteachyoualanguage.com/readingmast erclass

Russian translation by
Luba Grakhova

Other Books in this Series

Spanish Short Stories For Beginners

Spanish Short Stories For Beginners Volume 2

Italian Short Stories For Beginners

French Short Stories For Beginners

German Short Stories For Beginners

For more information visit:

http://iwillteachyoualanguage.com/amazon

Introduction

This book is a collection of eight unconventional and entertaining short stories in Russian. Written especially for beginners and low-intermediate learners, equivalent to A2-B1 on the Common European Framework of Reference, they offer a rich and enjoyable way of improving your Russian and growing your vocabulary.

Reading is one of the most effective ways to improve your Russian, but it can be difficult to find suitable reading material. When you are just starting out, most books are too difficult to understand, contain vocabulary far above your level, and are so lengthy that you can soon find yourself getting overwhelmed and giving up.

If you recognise these problems then this book is for you. From science fiction and fantasy to crime and thrillers, there is something for everyone. As you dive into these eight unique and well-crafted tales, you will quickly forget that you are reading in a foreign language and find yourself engrossed in a captivating world of Russian.

The learning support features in the stories give you access to help when you need it. With English definitions of difficult words, regular recaps of the plot to help you follow along, and multiple-choice questions for you to check important details of the story, you will quickly absorb large amounts of natural Russian and find yourself improving at a fast pace.

Perhaps you are fairly new to Russian and looking for an entertaining challenge. Or maybe you have been learning for a while and simply want to enjoy reading whilst growing your vocabulary. Either way, this book is the biggest step forward you will take in your Russian this year.

So sit back and relax. It's time to let your imagination run wild and be transported into a magical Russian world of fun, mystery, and intrigue!

Table of Contents

About the Stories

A sense of achievement and a feeling of progress are essential when reading in a foreign language. Without these, there is little motivation to keep reading. The stories in this book have been designed with this firmly in mind.

First and foremost, each story has been kept to a manageable length and broken down into short chapters. This gives you the satisfaction of being able to finish reading what you have begun, and come back the next day wanting more! It also reduces the extent to which you feel overwhelmed by how much you have left to learn when starting to learn Russian.

The linguistic content of the stories is as rich and as varied as possible, whilst remaining accessible for lower-level learners. Each story belongs to a different genre in order to keep you entertained, and there are plenty of dialogues throughout, giving you lots of useful spoken Russian words and phrases to learn. There is even a deliberate mix of tenses from one story to the next, so that you get exposure to common verbs in a mixture of past, present and future verb forms. This makes you a more versatile and confident user of Russian, able to understand a variety of situations without getting lost.

Many books for language learners include English translations for the entire story, known as parallel texts. Although these can be popular, parallel texts have the major disadvantage of providing an "easy option". Learners inevitably find themselves relying on the English translation and avoiding the "struggle" with the original Russian text that is necessary in order to improve. Consequently, instead of including a parallel text, *Russian Short Stories for Beginners* supports the reader with a number of learning aids that have been built directly into the stories.

Firstly, difficult words have been bolded and their definitions given in English at the end of each chapter. This avoids the need to consult a dictionary in the middle of the story, which is cumbersome and interrupts your reading. Secondly, there are regular summaries of the plot to help you follow the story and make sure you haven't missed anything important. Lastly, each chapter comes with its own set of comprehension questions to test your understanding of key events and encourage you to read in more detail.

Russian Short Stories for Beginners has been written to give you all the support you need, so that you can focus on the all-important tasks of reading, learning and having fun!

How to Read Effectively

Reading is a complex skill, and in our mother tongue we employ a variety of micro-skills to help us read. For example, we might *skim* a particular passage in order to understand the gist. Or we might *scan* through multiple pages of a train timetable looking for a particular time or place. If I lent you an Agatha Christie novel, you would breeze through the pages fairly quickly. On the other hand, if I gave you a contract to sign, you would likely read every word in great detail.

However, when it comes to reading in a foreign language, research suggests that we abandon most of these reading skills. Instead of using a mixture of micro-skils to help us understand a difficult text, we simply start at the beginning and try to understand every single word. Inevitably, we come across unknown or difficult words and quickly get frustrated with our lack of understanding.

Providing that you recognise this, however, you can adopt a few simple strategies that will help you turn frustration into opportunity and make the most of your reading experience!

* * *

You've picked up this book because you like the idea of learning Russian with short stories. But why? What are the benefits of learning Russian with stories, as opposed to with a textbook? Understanding this will help you determine your approach to reading.

One of the main benefits of reading stories is that you gain exposure to large amounts of natural Russian. This kind of reading for pleasure is commonly known as *extensive reading*. This is very different from how you might read Russian in a textbook. Your textbook contains short dialogues, which you read in detail with the aim of understanding every word. This is known as *intensive reading*.

To put it another way, while textbooks provide grammar rules and lists of vocabulary for you to learn, stories show you natural language *in use*. Both approaches have value and are an important part of a balanced approach to language learning. This book, however, provides opportunities for extensive reading. Read enough, and you'll quickly build up an innate understanding of how Russian works - very different from a theoretical understanding pieced together from rules and abstract examples (which is what you often get from textbooks).

Now, in order to take full advantage of the benefits of extensive reading, you have to actually read a large enough volume in the first place!

Reading a couple of pages here and there may teach you a few new words, but won't be enough to make a real impact on the overall level of your Russian. With this in mind, here is the thought process that I recommend you have when approaching reading the short stories in this book, in order to learn the most from them:

1. Enjoyment and a sense of achievement when reading is vitally important because it keeps you coming back for more
2. The more you read, the more you learn
3. The best way to enjoy reading stories, and to feel that sense of achievement, is by reading the story from beginning to end
4. Consequently, reaching the end of a story is the most important thing... more important than understanding every word in it!

This brings us to the single most important point of this section: **You must accept that you won't understand everything you read in a story.**

This is completely normal and to be expected. The fact that you don't know a word or understand a sentence doesn't mean that you're "stupid" or "not good enough". It means you're engaged in the process of learning Russian, just like everybody else.

So what should you do when you don't understand a word? Here are a few ideas:

1. Look at the word and see if it is familiar in any way. If English is your mother tongue, there are often elements of Russian vocabulary that will be familiar to you. Take a guess - you might surprise yourself!

2. Re-read the sentence that contains the unknown word a number of times over. Using the context of that sentence, and the rest of the story, try to guess what the unknown word might mean. This takes practice, but is often easier than you think!

3. Make a note of the word in a notebook, and check the meaning later

4. Sometimes, you might find a verb that you know, conjugated in an unfamiliar way. For example:

приношу - I will bring

принёс - I brought

принесённые - [the things that] have been brought

You may not be familiar with this particular verb form, or not understand why it is being used in this case, and that may frustrate you. But is it absolutely necessary for you to know this right now?

Can you still understand the gist of what's going on? Usually, if you have managed to recognise the main verb, that is enough. Instead of getting frustrated, simply notice how the verb is being used, and then carry on reading!

5.   If all the other steps fail, or you simply "have to know" the meaning of a particular word, you can simply turn to the end of the chapter and look it up in the vocabulary list. However, this should be your last resort.

The previous four steps in this list are designed to do something very important: to train you to handle reading independently and without help. The more you can develop this skill, the better able you'll be to read. And, of course, the more you can read, the more you'll learn.

Remember that the purpose of reading is not to understand every word in the story, as you might be expected to in a textbook. The purpose of reading is to enjoy the story for what it is. Therefore if you don't understand a word, and you can't guess what the word means from the context, simply try to keep reading. Learning to be content with a certain amount of ambiguity whilst reading a foreign language is a powerful skill to have, because you become an independent and resilient learner.

The Six-Step Reading Process

1. Read the first chapter of the story all the way through. Your aim is simply to reach the end of the chapter. Therefore, do not stop to look up words and do not worry if there are things you do not understand. Simply try to follow the plot.

2. When you reach the end of the chapter, read the short summary of the plot to see if you have understood what has happened. If you find this too difficult, do not worry.

3. Go back and read the same chapter again. If you like, you can read in more detail than before, but otherwise simply read it through one more time.

4. At the end of the chapter, read the summary again, and then try to answer the comprehension questions to check your understanding of key events. If you do not get them all correct, do not worry.

5. By this point, you should start to have some understanding of the main events of the chapter. If you wish, continue to re-read the chapter, using the vocabulary list to check unknown words and phrases. You may need to do this a few times until you feel confident. This is normal, and with each reading you will gradually build your understanding.

6. Otherwise, you should feel free to move on to the next chapter and enjoy the rest of the story at your own pace, just as you would any other book.

At every stage of the process, there will inevitably be words and phrases you do not understand or cannot remember. Instead of worrying, try to focus instead on everything that you *have* understood, and congratulate yourself for everything you have done so far.

Most of the benefit you derive from this book will come from reading each story through from beginning to end. Only once you have completed a story in its entirety should you go back and begin the process of studying the language from the story in more depth.

Note on Russian Edition

Russian is an extremely rich literary language, which has given rise to many of the world's most famous and cherished authors. For many people, the chance to read the works of Dostoevsky, Tolstoy or Pushkin in the original is a big enough motivation by itself to learn the language! However, it can take longer to get to grips with these kinds of texts than it first seems.

Russian is a language with many different registers of formality. The language of Pushkin does not always match up with what you might hear on the street. In many cases, it is even possible to become conversationally fluent in Russian but to still lack the vocabulary you would need to be able to read literature.

The point of this book is to act as a stepping-stone. In these eight stories you will be introduced to the kind of language you will find in Russian literature, but we have wherever possible tried to ensure that the Russian remains readable and familiar for a learner of the language at an A2-B1 level.

The vocabulary lists have been put together with the aim of highlighting essential vocabulary for the reader to learn at this stage. They are not designed to be an exhaustive list, and as a result you may notice some unfamiliar words are included. Our advice is to focus on learning the words from the vocabulary lists first, and then to go back and learn the others that appear if you wish.

'E' vs 'Ё'

Whether or not 'ё' should be considered a separate letter to 'e' is a debate that still goes on in Russia today. However, contrary to the editorial decision taken in this book to mark the 'ё', in Russian publishing the consensus generally is not to include it, and to write all words with just an 'e'.

E.g. **"он живет"** vs **"он живёт"**

As it can be hard for a beginner Russian learner to initially predict which 'e' is pronounced 'ё', we have decided to always mark the 'ё' in these stories. Generally, this is a standard which is supported by most dictionaries and materials designed for learners.

Приложение к каждой главе

- Краткое содержание
- Словарь
- Вопросы с вариантами ответов
- Ответы

Appendices to each chapter

- Summary
- Vocabulary
- Multiple-choice questions
- Answers

ПОВЕСТИ

1. Безумные пельмени

Глава 1. Полет

–Даниэль, иди сюда! – зовет меня Джулия. Она стои́т в дверя́х.

–Что, Джулия? – отвечаю я.

–Сегодня мы едем в Россию, ты же помнишь?

–Конечно. Я уже собираю **рюкзак**.

Меня зовут Даниэль. Мне 24 года. Джулия – моя сестра. Мы живём вместе в Лондоне. Ей 23 года. Нашего отца зовут Артур, а нашу мать – Клара. Мы готовимся к **поездке** в Россию по **программе обмена студентами**. Мы учим русский язык и уже хорошо его знаем.

Я высокий, мой рост 1 метр 87 сантиметров, у меня **тёмные**, немного **длинные** волосы. У меня зелёные глаза и **большой** рот. У меня крепкое тело, потому что я много занимаюсь спортом. У меня **длинные** сильные но́ги, потому что я бегаю по утрам.

У моей сестры Джулии тоже тёмные волосы, но **длиннее**, чем у меня. Глаза у неё не зелёные, а карие, **как** у нашего папы. У меня **такой же** цвет глаз, **как** у мамы.

Мои родители работают. Мой отец Артур работает **электриком** в **большой** компании. Моя мать – предприниматель, у неё **компания** по продаже **книг** в жанре **фэнтези** и **научной фантастики**. Они знают русский язык и говорят с нами по-русски для **практики**.

Папа смотрит на меня и видит, что **я ещё не одет**.

–Даниэль! Почему ты не одеваешься?

–Я только что проснулся. Я помылся в душе 5 минут назад и ещё не высох.

–Поторопись. Мне нужно идти на работу и совсем нет времени.

–Не волнуйся, папа. Я сейчас оденусь.

–Где твоя сестра?

–Она у себя в комнате.

Папа идёт в комнату сестры и говорит с ней. Джулия смотрит на него.

–Доброе утро, папа. Тебе что-то нужно?

–Да, Джулия. Твой брат уже одевается. **Я хочу, чтобы вы взяли** это с собой.

Папа показывает **пачку купюр**. Джулия очень **удивляется**.

—Здесь много денег! – говорит она.

—Мы с мамой **накопили** много денег. Мы хотим дать вам немного для вашей поездки в Россию.

—Спасибо, папа. Я скажу Даниэлю.

Они не знают, что я слушаю за дверью. Отец смотрит на меня.

—А, Даниэль! Ты здесь! И уже оделся! Эти деньги для вас двоих.

—Спасибо, папа. **Они нам очень пригодятся**.

—А теперь мы с мамой отвезём вас на машине в аэропорт. Поехали!

Несколько минут спустя, после завтрака, мы выходим из дома и едем в аэропорт на маминой машине. Джулия очень **волнуется**.

—Джулия, **дорогая**, –говорит мама,– с тобой всё в порядке?

—Я очень волнуюсь –отвечает она.

—Почему?

—Я никого не знаю в России. Со мной будет только Даниэль.

—Не беспокойся, наверняка в Петербурге ты встретишь хороших и **приветливых** людей.

—Да, мама. Я в этом уверена, но хочется приехать как можно скорее.

В аэропорту очень большая **очередь**. Много людей из разных частей Англии покупают билеты. Большинство едут по работе или **по бизнесу**. Некоторые уже садятся в самолёт. Я подхожу к Джулии и говорю:

—Ты уже немного успокоилась?

—Да, Даниэль. В машине я очень волновалась.

—Это точно. Но всё будет хорошо. У меня в Петербурге есть очень хороший друг, он помогает иностранным студентам, таким как мы с тобой.

Родители **нежно** обнимают нас и машут рукой, пока мы садимся в самолёт.

—Мы вас любим, дети!

Это последнее, что мы слышим. Самолёт направляется на взлётную полосу, чтобы лететь в Петербург.

Приложение к главе 1

Краткое содержание

Даниэль и Джулия – студенты по обмену. Они живут в Лондоне. Они собираются в поездку в Россию. Они знают русский язык и говорят по-русски со своими родителями для практики. Родители везут своих детей в аэропорт. Джулия очень волнуется перед посадкой в самолёт, но потом она успокаивается.

Словарь

- **рюкзак** = rucksack
- **как** = the same
- **поездка** = travel, trip
- **программа обмена студентами** = students exchange
- **темные** = brown
- **длинный** = long
- **большой** = large
- **такой же, как** = as well as
- **электрик** = electrician
- **компания** = company
- **книги** = books

- **фэнтези** = fantasy
- **научная фантастика** = science fiction
- **практика** = practice
- **Я еще не одет** = I'm not yet dressed
- **Я хочу, чтобы вы взяли это с собой** = I want you to take this
- **пачка купюр** = a wad of bills
- **удивляется** = is surprised
- **Мы накопили (денег)** = we've been saving (money)
- **Они нам очень пригодятся** = it's very useful
- **волнуется** = is nervous
- **дорогая** = darling, dear, honey, love
- **приветливые** = kind, nice
- **очередь (напр. в аэропорту)** = queue
- **по бизнесу** = on business
- **нежно** = with tenderness, affection

Вопросы с вариантами ответов

Выберите один верный, по вашему мнению, ответ на каждый вопрос.

1. Где живут брат и сестра Даниэль и Джулия?

    а. Вместе в доме в Лондоне.

    б. В разных домах в Лондоне.

    в. Вместе в доме в Петербурге.

    г. В разных домах в Петербурге.

2. Их родители...

    а. Говорят по-русски, но не говорят со своими детьми.

    б. Говорят по-русски и говорят со своими детьми по-русски для практики.

    в. Не говорят по-русски.

    г. Из текста непонятно.

3. Артур, отец, даёт детям подарок в дорогу. Что это?

    а. Машина.

    б. Книга в жанре «фэнтези».

    в. Книга в жанре научной фантастики.

    г. Деньги.

4. По пути в аэропорт Джулия...

    а. грустная.

    б. весёлая.

в. волнуется.
г. боится.

5. В очереди в аэропорту...
   а. много молодёжи.
   б. много людей, которые путешествуют по бизнесу.
   в. очень мало людей.
   г. много детей.

Ответы к главе 1

1. а
2. б
3. г
4. в
5. б

Глава 2. Россия

Самолёт **приземляется** в Петербурге и мой друг встречает нас у **выхода** из аэропорта. Он **крепко обнимает** меня.

–Привет, Даниэль! Как я рад, что ты приехал!

–Привет, Аркадий! **Я очень рад тебя видеть!**

Мой друг Аркадий смотрит на мою сестру Джулию с **любопытством**.

–Дорогой друг Аркадий, **познакомься: это** моя сестра Джулия.

Мой друг подходит к Джулии и приветствует её.

–Здравствуй, Джулия. **Очень приятно познакомиться!**

Моя сестра **застенчивая**. Она **всегда** смущается, когда встречает новых людей.

–Здравствуй... Аркадий.

–Твоя сестра очень застенчивая, правда? – говорит мне Аркадий **с улыбкой**.

–Это точно, но она очень хороший человек.

Несколько минут спустя мы едем на такси в нашу новую **квартиру**. Такси от аэропорта до центра Петербурга стоит 400 рублей. В **июне** месяце здесь очень **жарко**. Хотя это и северная столица России, но летом **погода** здесь бывает очень **тёплой**.

Мы приезжаем в квартиру ко времени обеда. Аркадий помогает нам занести чемоданы. Я очень **хочу есть**.

–Аркадий, мы очень **проголодались**. Где здесь можно поесть?

–**Недалеко отсюда** есть два ресторана.

– Какая там еда?

–В одном очень вкусные пельмени, а в другом – отличная свежая **рыба**.

–Джулия, **как насчёт** пельменей? – спрашиваю я у сестры.

–Прекрасно, Даниэль. Я очень проголодалась.

Мой друг Аркадий остаётся в квартире, а мы идём в пельменную.

–Джулия, на каком **автобусе** нам лучше доехать до ресторана?

–Не знаю. Давай у кого-нибудь спросим.

–**Смотри**, вот тот мужчина в белой рубашке. Давай у него спросим.

Мужчина в белой рубашке здоровается с нами.

–Здравствуйте, друзья! **Чем могу вам помочь?**

–Скажите пожалуйста, как проехать в ресторан «Безумные пельмени»?

–Это просто! Вы на остановке **автобуса** номер 35. Этот **автобус** довезёт вас **прямо** до **улицы**, где находится ресторан

«Безумные пельмени». Хотя есть одна проблема.

−Какая проблема?

−Этот **автобус обычно** очень забит людьми.

Мы с Джулией собирались доехать до ресторана на **автобусе**. Сестра **начинает волноваться**.

−Даниэль, поесть пельменей, конечно, хорошо, но может нам поехать в рыбный ресторан?

−**У меня есть идея**, Джулия. Ты поедешь на **автобусе** номер 35 в «Безумные пельмени». А я поеду на другом **автобусе** в рыбный ресторан.

−Зачем?

−**Потому что так** мы сможем сравнить цены в этих двух ресторанах.

−Хорошо. **Я позвоню тебе на мобильный!**

Я еду на **автобусе** в рыбный ресторан. **Мне очень хочется спать**, и я засыпаю в автобусе. Какое-то время спустя я просыпаюсь. **Автобус** стоит, в нём никого нет, **кроме** водителя.

−Извините −спрашиваю я у водителя, − где мы?

−Мы приехали в Отрадное.

–Что? В Отрадное? Нет, это невозможно!

Я достаю мобильный из **кармана** и пытаюсь позвонить сестре. Вот неудача! **Батарея** в телефоне кончилась. Он даже не **включается**! Я выхожу из **автобуса**. Я в Отрадном. Отрадное очень далеко! **Я не могу поверить в это**. Я заснул в автобусе и уехал в Отрадное. И что мне теперь делать?

Я гуляю по улицам Отрадного. Ищу **телефонную кабину**. Я спрашиваю у женщины на улице:

–Извините, пожалуйста. Где здесь **телефон**?

–**За углом** есть телефонная кабина, **молодой человек**.

–Большое спасибо, всего вам хорошего.

–Не за что. До свидания.

Уже пять часов вечера, а моя сестра не знает, где я. Наверняка она волнуется! Я захожу в **телефонную кабину**. Боже мой! Я не помню номер Джулии. Что делать? Деньги есть, а номера нет. Пойду найду какой-нибудь ресторан. Очень хочется есть. А потом подумаю.

Я зашёл в **дешёвый** ресторан. Ко мне подошёл официант.

–Добрый день!

—Добрый день.

—Что желаете?

—Что я желаю...— я смотрю меню — Пельмени? — спрашиваю я у официанта.

—Простите? Не очень вас понял, молодой человек.

Я начал громко **смеяться**, и все люди в ресторане стали смотреть на меня.

Я поел, и мне стало **стыдно**. Не надо мне так громко **смеяться**, но всё равно **смешно**. Мы хотели пельменей, и вот я здесь, ем пельмени в Отрадном, а моя сестра даже не знает, где я. Вот это **ирония** судьбы! Что теперь делать? Денег больше нет, номера сестры тоже нет. У меня появляется идея: я позвоню в Лондон!

Я возвращаюсь в телефонную кабину и набираю домашний телефон родителей. Четыре **гудка** — и наконец трубку снимает моя мать, Клара.

—Привет, мой дорогой! Как дела? Как Петербург?

—Привет, мама. У меня проблема.

—Что случилось, сынок? Что-то плохое?

—Да нет, мама. Всё в порядке. Пожалуйста, позвони Джулии и скажи ей, что я в Отрадном и что у меня в телефоне села **батарея**.

—В Отрадном? Как в Отрадном? Что ты там делаешь?

—**Это долгая история**, мама.

Я останавливаюсь в гостинице, плачу за одну ночь и захожу в свой номер. Я раздеваюсь и достаю из рюкзака пижаму. **Я гашу свет** и засыпаю. Просто **сумасшедший день**!

Приложение к главе 2

Краткое содержание

Даниэль и Джулия приезжают в Петербург. Здесь их встречает Аркадий, друг Даниэля. Они вместе едут в квартиру Аркадия. Брат и сестра спрашивают, где можно пообедать, потому что им хочется есть. Даниэль садится в автобус и засыпает, и просыпается в Отрадном. У него кончилась батарея в телефоне и ему приходится спать ночью в гостинице.

Словарь

- **приземляться** = land
- **выход** = exit
- **обнимает** = (he) hugs
- **крепко** = strongly
- **Я очень рад тебя видеть** = it's good to see you
- **любопытство** = curiosity
- **Познакомься: это...** = I introduce you...
- **Очень приятно познакомиться** = nice to meet you
- **Застенчивая** = shy

- **Всегда** = always
- **с улыбкой** = smiling
- **квартира** = apartment
- **июнь** = June
- **жарко** = it is hot
- **тёплая** = warm
- **погода** = weather
- **хочу есть/проголодался** = I am hungry
- **недалеко** = short distance
- **как насчёт...?** = How about...?
- **Рыба** = fish
- **автобус** = bus
- **смотри** = look there
- **Чем могу вам помочь?** = Can I help you?
- **Обычно** = usually
- **начинает волноваться** = she seems worried
- **у меня есть идея** = I have an idea
- **потому что так** = because
- **мне очень хочется спать** = I'm very sleepy
- **кроме** = except (for)
- **карман** = pocket
- **батарея** = battery
- **включить** = turn it on
- **я не могу поверить в это** = I can't believe it

- **гулять** = walk
- **телефонная кабина** = phone booth
- **за углом** = around the corner
- **молодой человек** = boy
- **дешёвый** = cheap
- **Что желаете?** = What do you want?
- **меню** = menu
- **смеяться** = laugh
- **стыдно** = ashamed
- **смешно** = curious, funny
- **ирония** = irony
- **гудки** = rings (sound)
- **Это долгая история** = it's a long story
- **гасить свет** = switch off the lights
- **сумасшедший день** = crazy day

Вопросы с вариантами ответов
Выберите один верный, по вашему мнению,
ответ на каждый вопрос

6. Аркадий – это...
   а. работник аэропорта
   б. друг родителей
   в. друг Джулии
   г. друг Даниэля

7. Погода в Петербурге...
   а. холодная
   б. жаркая
   в. ни холодная ни жаркая
   г. неизвестно

8. Из аэропорта друзья едут...
   а. в ресторан
   б. в квартиру Аркадия
   в. в квартиру Даниэля
   г. в Отрадное

9. Даниэль не может позвонить сестре,
   потому что...
   а. у него села батарея в
   мобильном телефоне
   б. у него нет денег
   в. он не может найти
   телефонную кабину
   г. у него нет мобильного

10. Даниэль проводит ночь...

а. в гостинице в Петербурге
б. в автобусе
в. в гостинице в Отрадном
г. не спит

6. г
7. б
8. б
9. а
10. в

Глава 3. Дорога

Я просыпаюсь и принимаю душ. Заказываю завтрак в номер по телефону и **не спеша** ем. Я одеваюсь, выхожу из номера и смотрю на **часы** в **коридоре**. Они показывают 10.00 утра. Перед выходом из гостиницы я думаю, поговорила ли мама с Джулией. Моя сестра очень беспокойный человек. Я надеюсь, что она не волнуется.

Когда я выхожу из гостиницы, я вижу, как **рабочие** носят **ящики** к **грузовику**. На **грузовике** нарисован логотип с названием **компании**. Я начинаю громко смеяться, как в ресторане. Но потом **понимаю**, что это некрасиво, и замолкаю, чтобы не **шуметь** слишком громко. На кузове грузовика **рисунок** с надписью: «Безумные пельмени»!

Я подхожу к одному из рабочих и начинаю разговор.
 –Привет –говорит он.
 –Добрый день, –отвечаю я.
 –Что ты хочешь?
 –Вы работаете в ресторане в Петербурге?
 –Нет, я **шофёр**.
 –А вы знаете этот ресторан?

—Да, мы каждую неделю возим туда **муку** на тесто для пельменей, но я там не работаю.

Шофёр садится в кабину **грузовика**. Я начинаю думать. Как я **вернусь** в Петербург? Мне нужно найти **решение**. Мне **нужно вернуться** к Аркадию. Джулия **меня ждёт**. У меня идея!

—Извините, пожалуйста! —говорю я шофёру.

—Что, молодой человек?

—А вы можете отвезти меня в Петербург?

—**Сейчас**?

—Да.

Шофёр **сомневается**, а потом **наконец** отвечает мне.

—Хорошо, можешь забираться в грузовик, между ящиками с мукой. Но **никому не говори**.

—Спасибо!

—**Не за что. Быстрей, нам нужно отправляться!**

Я забираюсь в кузов грузовика и сажусь между двумя ящиками муки. Грузовик **заводится** и направляется в Петербург. Я ничего не вижу. Только слышу **мотор** грузовика и шум машин на **дороге**. Что-то движется! Среди ящиков **человек**!

—Здравствуйте! —говорю я.
Молчание.
—Здесь кто-то есть?
Опять **молчание**. Но я точно знаю, что среди ящиков кто-то есть. Я поднимаюсь и иду на шум. Вот сюрприз! Это **старик**.

—Кто вы?
—**Отстань от меня**, парень!
—Что вы здесь делаете?
—Еду в Барселону.
—А шофёр знает, что вы здесь?
—Не знает. Я залез в грузовик, пока он разговаривал с тобой.

Шофёр **останавливает** грузовик и выходит. Старик тревожно смотрит на меня.
—Почему он остановился?
—Не знаю.
У задней двери грузовика слышится **шум**.
—Мне надо **спрятаться**! —говорит старик.

Шофёр забирается в кузов и видит только меня. Старик **спрятался** за ящиками.
—Что случилось? —спрашивает шофёр.
—Ничего не случилось.
—А с кем ты разговаривал?

—Я? **Ни с кем**. Я тут один. Не видите?

—Мы ещё не приехали. **Не шуми**. Я не хочу **проблем**.

—Понятно.

Шофёр закрывает заднюю дверь грузовика и возвращается за **руль**. В этот момент старик вылезает из-за коробок и смотрит на меня с **улыбкой**.

—**Слава богу**! От меня не увидел! — говорит он.

—Скажите пожалуйста, зачем вы едете из Отрадного в Петербург?

—Ты хочешь знать?

—Да конечно.

—Я расскажу тебе небольшую **историю**.

—Пожалуйста, расскажите.

Старик рассказывает мне свою историю:

—У меня есть сын, но я с ним не вижусь. Много лет назад его мать и я были вместе, но я уехал работать в другую **страну**. **Недавно я узнал**, где они находятся.

—В Петербурге?

—Точно.

—Сколько лет вашему сыну?

—Ему 24 года.

—**Так же, как и мне**!

Старик смеётся.

—Как **интересно**!

—Да, точно.

После нескольких минут молчания я поднимаюсь, чтобы немного **размять ноги**, и спрашиваю у старика:

—Как зовут вашего сына?

—Его зовут Аркадий. У него квартира в Петербурге. Он живёт недалеко от ресторана «Безумные пельмени». Поэтому я и выбрал этот грузовик.

Я смотрю на старика **не мигая. Я не могу поверить своим ушам**.

Приложение к главе 3

Краткое содержание

Даниэль просыпается в гостинице. Когда он выходит из номера, он видит грузовик с символом ресторана «Безумные пельмени». Он просит у шофёра подвезти его в кузове, потому что грузовик едет в Петербург. Шофёр соглашается. Внутри грузовика Даниэль встречает старика. Он тоже едет в Петербург.

Словарь

- **не спеша** = calmly, quietly
- **часы** = watch
- **коридор** = hallway
- **рабочие** = workers, employees
- **ящики** = boxes
- **грузовик** = truck
- **компания** = company
- **понимаю** = I realise
- **шуметь** = make noise
- **рисунок** = drawing, image
- **шофёр** = driver
- **мука** = flour
- **вернуться** = come back, return

- **решение** = solution
- **мне нужно** = I have to
- **меня ждёт** = he/she is waiting for me
- **сейчас** = now
- **сомневаться** = to doubt
- **наконец** = finally
- **никому не говори** = don't tell anyone
- **не за что** = you are welcome
- **быстрей** = quick
- **нам нужно срочно отправляться** = we have to go now
- **заводится** = start (a vehicle)
- **мотор** = engine
- **дорога** = road
- **человек** = person
- **молчание** = silence
- **старик** = old man
- **отстань от меня** = let me alone
- **останавливает** = stops
- **спрятаться** = to hide
- **спрятался** = (he/she) hid
- **ни с кем** = anyone, no one (negative)
- **не шуми** = don't make noise
- **проблемы** = problems
- **руль** = wheel
- **с улыбкой** = smiling
- **Слава богу** = thank goodness

- **история** = story
- **страна** = country
- **недавно** = recently
- **я узнал** = I found out
- **так же, как и мне** = the same as me
- **интересно** = curious
- **размять ноги** = to stretch my legs
- **не мигая** = without blinking

Вопросы с вариантами ответов
Выберите один верный, по вашему мнению,
ответ на каждый вопрос

11. Даниэль просыпается в...
        а. 10:15
        б. 10:00
        в. 11:00
        г. 12:15

12. Шофёр грузовика...
        а. работает в гостинице
        б. работает в ресторане
        «Безумные пельмени»
        в. просто работает шофёром
        г. работает в другом ресторане

13. Внутри грузовика Даниэль встречает...
        а. молодого человека
        б. девушку
        в. шофёра
        г. старика

14. Почему старик едет в грузовике?
        а. Он хочет работать в ресторане
        «Безумные пельмени»
        б. Он хочет работать шофёром
        в. Он едет навестить своего отца
        г. Он едет навестить своего сына

15. Сына старика зовут...
        а. Даниэль

б. Аркадий

в. Джулия

г. Клара

Ответы к главе 3

11. б
12. в
13. г
14. г
15. б

Глава 4. Возвращение

Грузовик приезжает в Петербург. Шофёр глушит мотор, и мы выходим из задней двери. Старик прячется в **толпе**. Я **благодарю** шофёра:

—Спасибо за поездку.

—Не за что, парень. Всего хорошего!

Мы со стариком вместе идём к дому Аркадия. Старик ещё не знает, что мы с Аркадием знакомы и что он мой друг.

Мы идём 1 час пешком и видим ресторан «Безумные пельмени». Мы заходим в ресторан. Там никого нет. Сейчас 5 часов вечера, и для **ужина** ещё **рано**.

Я спрашиваю у старика:

—Что будем делать?

Он отвечает:

—Я проголодался. Пойдём к Аркадию.

Аркадий – мой друг, и я знаю, что он не знает своего отца. Он рассказывал мне об отце, но **очень редко**. Я знаю, что они никогда не встречались. Я не знаю, сказать ли старику, что я знаю Аркадия. Лучше не говорить. Я хочу, чтобы сюрприз получился очень большим.

Мы приходим к дому и входим в **подъезд. Консьержка** говорит нам:

–Добрый день!

–Здравствуйте –отвечаем мы.

Мы **поднимаемся в лифте** на **четвёртый этаж** и выходим. Мы идём к двери квартиры.

–Это здесь –говорю я старику.

–Наконец-то!

Мы звоним, но никто не отвечает.

–Джулия? Аркадий? Есть кто-нибудь дома?

Никто не отвечает. Я вынимаю **ключ, который мне дал Аркадий**, и открываю дверь.

Старик спрашивает меня:

–**Где все?**

–Не знаю.

Я захожу в комнату Аркадия и открываю свой рюкзак. Достаю зарядное устройство для мобильного. **В течение 1 часа** мой телефон заряжается, и наконец я могу позвонить Джулии. Через три гудка Джулия берёт трубку:

–Даниэль! Наконец-то! **Я очень волновалась!**

–Привет, сестра. У меня всё хорошо. Я с одним человеком в квартире Аркадия.

–С одним человеком?

—Да, это долгая история. Приходи в квартиру, Джулия. Ты где?

—Мы с Аркадием **гуляем по городу**. Сейчас придём.

—Мы вас ждём.

Полчаса спустя Аркадий и Джулия приходят домой.

—Здравствуйте. Вы кто? —спрашивает Аркадий у старика.

Прежде чем старик ответит, я говорю:

—Привет, Аркадий. Я **извиняюсь**, что вошёл в твою квартиру **без спроса**, но это очень важное дело.

—Что случилось?

—Аркадий, **это твой отец**.

Аркадий очень удивляется.

—Мой отец? Это невозможно!

Старик говорит ему:

—Ты Аркадий?

—Да, я. Невозможно, чтобы вы были моим отцом!

—Меня зовут Антон Сотейников. И да, я твой отец.

Аркадий **понимает,** что это **действительно** его отец, и они обнимаются. Наконец, **столько лет спустя** они встретились. Аркадий **всю свою жизнь** не виделся с отцом, но наконец семья **воссоединилась**.

—**Это надо отпраздновать!** —говорит Аркадий.

—**Я согласен!** —говорит его отец Антон.

—Пойдём в «Безумные пельмени»? — говорит Джулия.

Я отвечаю:

—Я не хочу пельменей! Не хочу в этот ресторан» И не хочу ехать на автобусе! Я хочу пиццу!

Все начинают смеяться, и я тоже смеюсь.

—И правда сумасшедшая неделя. Безумная, как те пельмени.

Приложение к главе 4

Краткое содержание

Старик и Даниэль выходят из грузовика и идут к дому Аркадия. Они входят в ресторан «Безумные пельмени», но здесь никого нет, потому что ещё рано. Они приходят в квартиру Аркадия, но того нет дома. Даниэль звонит по телефону Джулии, и Джулия и Аркадий возвращаются домой. Аркадий встречается с отцом. Даниэль не хочет возвращаться в ресторан есть пельмени.

Словарь

- **толпа** = crowd
- **благодарю** = I thank him
- **рано** = soon
- **ужин** = dinner
- **очень редко** = rarely
- **подъезд** = entrance hall
- **консьержка** = receptionist
- **поднимаемся в лифте** = take the lift
- **четвёртый этаж** = third floor
- **ключ, который мне дал Аркадий** = the key Arkadiy gave me

- **Где они?** = Where are they?
- **около 1 часа** = for about 1 hour
- **Я очень волновалась!** = I was so worried!
- **гуляем по городу** = having a walk
- **я извиняюсь** = I apologize for
- **без спроса** = without permission
- **это твой отец** = this is your father
- **понимает** = he realises
- **действительно** = truly, really
- **столько лет спустя** = after so many years
- **всю свою жизнь** = throughout his life
- **воссоединилась** = reunited
- **Это надо отпраздновать!** = It should be celebrated!
- **Я согласен!** = I agree!

Вопросы с вариантами ответов
Выберите один верный, по вашему мнению,
ответ на каждый вопрос

16. Старик и Даниэль сначала идут / едут...
   а. домой к Аркадию
   б. к телефонной кабине
   в. в ресторан «Безумные пельмени»
   г. в аэропорт

17. Кто находится вначале в квартире Аркадия?
   а. Джулия и Акадий
   б. Только Джулия
   в. Только Акадий
   г. В квартире никого нет

18. Когда Даниэль заходит в комнату Аркадия, он...
   а. заряжает батарею своего телефона
   б. готовит ужин
   в. звонит Аркадию
   г. звонит своим родителям

19. Кому звонит Даниэль?
   а. Своим родителям
   б. Аркадию
   в. Джулии
   г. Шофёру

20. Джулия хочет пойти/поехать...
   а. в ресторан «Безумные пельмени»
   б. в рыбный ресторан
   в. в Лондон
   г. в Отрадное

Ответы к главе 4

16. в
17. г
18. а
19. в
20. а

2. Чудище

Глава 1. Экскурсия

Светлана очень любила ходить в **прогулки по горам**. Каждые **выходные** она брала рюкзак, бутылку воды, надевала **походную одежду** и отправлялась к **горе** Аргамджи, в Алтае, в южной части Сибири.

В субботу она **договорилась** встретиться со своим другом Григорием. Григорий любил **прогулки по горам**, и поэтому он с удовольствием пошёл со Светланой на **экскурсию**. Они встретились у начала тропы и поздоровались:

−Света! Я здесь! − закричал Григорий.
−Я вижу тебя! Уже иду!
Светлана остановилась и подождала Григория. Григорий быстро бежал к ней.
−Гриша, не беги так быстро. **Ты устанешь.**
−Не переживай, я взял с собой в дорогу **энергетический напиток**.

Аргамджи – это очень известная гора в Алтайском крае, куда любят приходить любители бега и прогулок по горам. Некоторые приезжают на машинах семьями, чтобы поесть на природе, некоторые любят делать профессиональные фотоснимки или ходить в **походы** с палатками летом.

Погода в горах Алтая очень жаркая летом и **холодная** зимой. В северных районах лето **тёплое** и сухое, а зима **мягкая** и **мало снега**. Светлана и Григорий идут на прогулку в июне, когда жарко и не нужно надевать **куртку**.

—Гриша, по какой тропинке мы пойдём? Налево или направо?

—Я предпочитаю тропинку налево.

—А я предпочитаю тропинку направо.

—Почему, Света?

—Про эту тропинку есть одна легенда. Говорят, там часто можно видеть огромное **волосатое чудище**.

—И ты веришь в эти истории?

—Давай пойдём по той тропинке!

—Хорошо, Светлана. Пойдём.

Один час спустя они шагали по узкой тропинке в окружении леса. На небе сияло солнце.

Светлана спросила у Григория:

—Ты веришь, что в лесах есть **страшные** чудовища?

—Не верю.

–Почему?

–Я никогда не видел чудовище. А ты?

–Не в лесу.

Григорий подумал, **что она имеет в виду**, но предпочёл не спрашивать.

Друзья уже прошли несколько километров, и шагали по тропинкам меж деревьев. Солнца не было видно, и они подошли к озеру, на берегу которого стоял дом. Дом был **деревянный** и казался старым.

–Смотри, Гриша, вон там.

–Где?

–Вот там! Деревянный дом.

–Да, вижу.

–Зайдём?

–А если там кто-нибудь есть?

–**Не бойся,** Гриша. Никого там нет.

Друзья подошли к дому и прежде чем войти, осмотрели всё вокруг.

Светлана сказала:

–Похоже, этот дом **был построен** очень давно.

–Да, Света. Посмотри, какие окна, доски. Все очень старое. Иди сюда!

Они подошли к **берегу озера**, где небольшие **волны** покачивали маленькую **лодку. Лодка** была такая же старая, как и дом.

—Света, давай прокатимся?

—Зачем?

—Мы можем доплыть на середину озера.
Будет весело!

—Хорошо!

Светлана и Григорий сели в **лодку** и положили в неё свои рюкзаки. Древесина была такой старой, что казалось, она вот-вот сломается. В лодке было два **весла**. Друзья стали грести **веслами** и добрались до центра озера.

Светлана сказала Григорию:

—Как здесь хорошо, Гриша!

—Да, это правда. Хотя здесь лес очень густой, отсюда отлично видно солнце.

—Да. Хочешь **перекусить**?

—Конечно, Света! Что у тебя есть?

Светлана вынула из своего рюкзака **пирожки**, энергетические напитки и бутерброд.

—Что ты хочешь?

—Бутерброд кажется вкусным.

—Я его не хочу, так что это тебе, Гриша.

—Спасибо!

Они поели спокойно, в тишине, пока лодка была на середине озера. **Вдруг** они услышали шум, исходящий из дома.

—Ты слышала? —сказал Григорий Светлане.

—Да, я слышала —ответила Светлана. Её лицо было испуганным.

—Кажется, шум в доме.

—Я тоже так думаю. Поехали!

Григорий и Светлана начали грести быстро, без устали, пока не добрались до берега. Они надели рюкзаки и пошли к старому деревянному дому.

—Гриша, я раньше тебе не сказала, но мне хотелось бы зайти в этот дом.

—Почему? Мы разве не просто на прогулку собрались?

—Да, но в лесах много **заброшенных** мест, и я очень люблю их **исследовать**.

—Ну хорошо, давай тогда зайдём в дом.

Несколько шагов – и дверь дома открылась, и друзья зашли внутрь. Внутри всё было **грязным** и запущённым. Казалось, в доме никто не жил уже много лет. Всё здесь было покрыто толстым слоем **пыли**.

—Светлана, посмотри.

—Что это?

—Здесь, у окна.

Светлана увидела, что на полу, на слое пыли, были очень большие **следы**.

—Чьи это могут быть следы, как ты думаешь?

—Я думаю, что это **медведь** – сказала Светлана.

—Какой **медведь**, Света? Здесь не водятся **медведи**! Ближайшие **медведи** за много километров отсюда, на соседней горе.

—Ну значит я не знаю. Пойдём отсюда!

Вдруг из кухни раздался шум, и они увидели огромную волосатую **фигуру**, которая вырвалась из двери, **снося** всё на своём пути. Чудище **урчало** и бежало очень быстро. Друзья застыли от испуга, пока странное создание не **скрылось** в лесу.

Приложение к главе 1

Краткое содержание

Светлана и Григорий отправились на экскурсию к горе Аргамджи. С собой они взяли рюкзаки с энергетическими напитками и едой. Они идут по лесу и обнаруживают старый дом у озера и лодку. Они слышат шум на кухне в доме и видят, как огромное существо выбегает из дома и скрывается в лесу.

Словарь

- **чудище** = creature, monster
- **прогулки по горам** = hiking
- **выходные** = weekend
- **походная одежда** = mountain clothing
- **гора** = mountain
- **договорилась встретиться** = arranged to meet
- **экскурсия** = excursion
- **ты устанешь** = you'll become exhausted
- **энергетический напиток** = energy drink

- **поход** = camping
- **тёплое** = warm
- **мягкая** = mild temperatures
- **мало снега** = little snow
- **куртка** = jacket
- **волосатое** = furry
- **страшные** = strange, scary
- **что она имеет в виду** = what she had in mind
- **деревянный** = made of wood
- **не бойся** = don't be afraid
- **был построен** = it was built
- **берег озера** = shore of the lake
- **волны** = waves
- **лодка** = boat
- **будет весело** = let's have fun
- **весла** = oars
- **перекусить** = have a snack
- **пирожки** = pastry
- **вдруг** = suddenly
- **заброшенные** = abandoned
- **исследовать** = explore
- **грязный** = dirty
- **пыль** = dust
- **следы** = footprints
- **медведь** = bear
- **фигура** = figure
- **снося** = breaking

- **урчать** = growl
- **скрылось** = was no longer in sight

Вопросы с вариантами ответов

Выберите один верный, по вашему мнению,
ответ на каждый вопрос

1. Где живут Светлана и Григорий?
    а. Петербург
    б. Алтай
    в. Отрадное
    г. Москва

2. Куда они отправились на экскурсию?
    а. В горы
    б. На пляж
    в. В небольшую деревню
    г. В город

3. Шагая по тропинке, они увидели...
    а. деревню
    б. город
    в. магазин
    г. дом

4. Когда друзья увидели лодку на воде,
   они...
    а. сели в неё
    б. уснули в ней
    в. обогрелись в ней
    г. поплыли на ней к центру озера

5. Где они слышат шум в конце главы?
    а. В лодке
    б. На кухне

в. В зале
г. В лесу

Ответы к главе 1

1. б
2. а
3. г
4. г
5. б

Глава 2. Поиски

–Ты видела, Света?

–Да! Что это было?

–Не знаю! Но это было огромное и **страшное** создание.

–Что мы будем делать теперь, Гриша?

–Пойдём за ним!

–Мы его **догоним**?

–**Конечно!**

Григорий и Светлана выходят из старого деревянного дома и идут по следам, которые оставило за собой в лесу странное чудище.

–Здесь много деревьев и много тропинок – говорит Григорий, – **нам нужно разделиться**.

–Ты с ума сошёл, Гриша! Разделиться? Тут по лесу **бродит** неизвестное страшное чудовище!

–Я понимаю, Света. Но если нам удастся **заснять** его на видео в телефоне, нас **покажут в новостях**!

–**Ну и что?**

–Мне хочется появиться в новостях.

–Какой ты **глупый** бываешь **иногда**, Гриша. **Хорошо,** давай разделимся.

Два часа спустя Светлана и Григорий всё ещё ходили по лесу в поисках чудища.

Светлана не верила, что оно настоящее. Она думала, что это какой-то **шутник нарядился** чудищем.

Григорий, **напротив**, считал, что чудище настоящее, но что это какой-то редкий вид животного, который **выжил** в этих лесах и никогда не **показывался** человеку.

Григорий подошёл к горе. В горе была **пещера**. **Приближалась ночь**, поэтому он зашёл в **пещеру**. Если бы ночь уже наступила, света бы совсем не было. Он вынул из кармана телефон и начал снимать видео. Внутри пещеры ничего не было, но вдруг он услышал **крик**. Это было чудище, и оно приближалось к нему.

Света уже несколько часов **ничего не знала** о Григории. Она не знала, где он был, и мобильный телефон в этой местности **не работал**. Когда стемнело, она вернулась к старому дому. В доме была старая кровать, и она села на ней, ожидая Григория. Она вынула из своего рюкзака кусок бутерброда и съела его. Потом она заснула.

Светлана проснулась на следующий день. Григория не было. Она **начала** сильно **беспокоиться** за него и решила выйти из дома и отправиться к горе. Она шла очень долго, спускаясь по дорожке, по которой они пришли накануне, и пришла к **деревне**.

Деревня была очень оживлённой. Родители шли на работу, дети **играли или бежали** в школу, слышался шум машин и пахло вкусным **завтраком**. Светлана нашла ближайший ресторан. Она вошла и увидела много людей, которые завтракали. Люди всех возрастов, некоторые целыми семьями, от стариков до детей. Она не знала, что сказать или спросить.

Она подошла к официанту и обратилась к нему:
—Здравствуйте.
—Здравствуйте! Что желаете?
—Я могу позвонить из вашего ресторана?
—Конечно же да. Вот телефон на **стене**.
—Спасибо.
—Что-нибудь ещё?
—Нет, спасибо большое.

Света подошла к телефону на стене и набрала номер Григория. Возможно, проблема была в его телефоне, а возможно и нет. Дозвониться она не смогла. Она подумала и решила позвонить ему домой.

Телефон давал гудки: один, второй, третий. Почему никто не **брал трубку**?

Светлана не знала, что думать. Обычно по утрам дома был брат Григория, потому что он работал на дому.

Она позвонила ещё раз, но не дозвонилась.

Тогда Светлана вышла из ресторана и села на **скамейку** на улице. Она опять стала думать. Светлана была очень **умной** женщиной и всегда, когда сталкивалась с проблемами, старалась не поддаваться панике.

Она поднялась со скамейки и решила: она отправится прямо домой к Григорию. Возможно, он ничего не нашёл в лесу и вернулся домой. Она остановила такси на улице. По пути к дому Григория она разговорилась с водителем.

—Как вас зовут? – спросил водитель такси.

—Меня зовут Светлана.

—Куда вы едете, Светлана? На работу?

—Нет, я еду к другу в гости.

—Хорошо вам! Я завидую. А мне нужно работать целый день!

Светлана не сказала больше ничего. Водитель очень **приветливый** и разговорчивый, но ей не хотелось разговаривать. Она хотела найти Григория.

Она не верила ни в какое лесное чудище, но ей хотелось знать, где её друг.

—Мы приехали, Светлана. С вас 280 рублей.

—Возьмите, **сдачу оставьте себе**.

—Спасибо! Всего вам хорошего!

—И вам тоже.

Светлана вышла из такси и пошла к дому Григория. Дом был большой и красивый, с двумя **этажами**, садом и **гаражом**. Он был расположен в уютном тихом **районе**, с большими домами и магазинами, где продавались фрукты, хлеб и всё необходимое. Машина Григория стояла перед домом. Дома ли он? Позвонил ли своим родным?

—Я не понимаю. Если Григорий поехал домой на своей машине, почему он не отправил мне сообщение на мобильный?

Светлана позвонила в дверь три раза, но никто не ответил.

Озабоченная, она пошла к своим двум лучшим подругам, Клавдии и Веронике. Их тоже не было дома, а их мобильные были отключены. Происходило что-то странное, но Светлана не могла понять, что. Все её друзья исчезли с тех пор, как объявилось это **страшное** чудище.

Она стала решительно действовать. Она не верила, что это чудище, хотя так сама его и называла. Наверняка это какое-нибудь животное: медведь, **волк** или что-то похожее. В доме было мало света, и они не смогли хорошо разглядеть это существо.

Несколько минут спустя она опять села в такси и снова поехала к тропинке, по которой они гуляли накануне, и дошла по ней до старого деревянного дома. В этот раз в доме было что-то не так: там горел свет.

Приложение к главе 2

Краткое содержание

Светлана и Григорий ищут лесное чудище. Григорий исчезает, и Светлана не знает, где он. Она возвращается в дом и засыпает на старой кровати. Когда она просыпается, Григория нет. Она беспокоится и идёт в ближайшую деревню, спрашивает там, не видел ли кто Григория, пытается связаться с подругами, но безуспешно. В конце концов она решает вернуться в старый дом и выяснить, что произошло.

Словарь

- **страшное** = ugly
- **догонять** = to pursue
- **конечно** = of course
- **нам нужно разделиться** = we have to split up
- **бродить** = to roam
- **заснять** = to record
- **нас покажут в новостях** = we'll be on TV
- **Ну и что?** = Who cares?
- **глупый** = stupid

- **иногда** = sometimes
- **ладно** = OK
- **шутник** = joker
- **нарядился** = dressed up
- **напротив** = however
- **выжил** = survived
- **пещера** = cave
- **приближается ночь** = night is falling
- **крик** = shriek
- **ничего не знала** = without knowing anything
- **не работал** = did not work
- **начала беспокоиться** = began to worry
- **играли** = played
- **бежали** = ran
- **завтрак** = breakfast
- **старики** = elders
- **стена** = wall
- **брать трубку** = pick up the phone
- **скамейка** = bench
- **умная** = intelligent
- **приветливый** = likeable
- **сдачу оставьте себе** = keep the change
- **этажи** = floors
- **гараж** = garage
- **район** = neighbourhood

- **странное** = strange
- **волк** = wolf

Вопросы с вариантами ответов
Выберите один верный, по вашему мнению, ответ на каждый вопрос

6. Светлана думает, что чудище...
   а. настоящее
   б. – это шутка
   в. – это Григорий
   г. скорее всего настоящее, но не уверена

7. Григорий встречает на своём пути...
   а. каменное здание
   б. мост
   в. машину
   г. пещеру

8. Где ночует Светлана?
   а. В лесу
   б. В лодке на озере
   в. На кровати в доме
   г. В деревне

9. Когда Светлана проснулась, она ...
   а. пошла в деревню
   б. пошла к пещере
   в. позвонила родителям Григория
   г. Позвонила своим родителям

10. Вернувшись к озеру, Светлана увидела, что...

а. дом сгорел
б. в доме горит свет
в. чудище в доме
г. Григорий в доме

Ответы к главе 2

6. б
7. г
8. в
9. а
10. б

Глава 3. Сюрприз

—Свет в доме! —сказала Светлана— Глазам своим не верю!

Светлана пошла по тропинке, ведущей к озеру, и оставила свой рюкзак под деревом. Дерево было большое, на нём было много **веток** и листьев.

Она приблизилась к дому и увидела внутри **тусклый** свет. Людей не было видно, только оранжевый свет. Она обошла дом вокруг, чтобы попытаться выяснить, кто был внутри.

—Есть кто-нибудь? —крикнула она. —Это Светлана!

Никто не ответил, но внутри дома был шум.

Светлана подошла к двери и открыла её. Там она обнаружила нечто неожиданное.

Там были друзья. В доме было много народу: её родители, вся её семья, её подруги Клавдия и Вероника и другие люди.

—Света! —закричали все. —Ты здесь!

—Привет! —сказала она. — Что здесь происходит?

—Сейчас мы тебе расскажем. Садись.

Светлана села на старой кровати, где она спала накануне, ожидая Григория.

—Что случилось? — наконец спросила Светлана.

Все сели **вокруг** неё, их лица были **озабочены**. Никто не ответил.

—А где папа? — спросила она у своей матери.

—Он на работе, скоро придёт.

—Кто-нибудь мне объяснит, что здесь происходит?

Мать Светланы встала и рассказала ей:

—Мы думаем, что Григория похитило чудище и унесло в лес.

—Но откуда вы знаете, что мы видели чудище?

—Гриша отправил нам сообщение с мобильного.

Светлана ещё ничего не понимала и спросила:

—А почему вы все здесь?

—Потому что мы пойдём искать Григория.

—Сейчас?

—Да, сейчас.

Все в доме взяли свои рюкзаки, еду и фонари, и отправились на поиски Григория.

Они вышли из дома все вместе и разделились на группы по четыре человека.

Светлана немного задержалась у озера, прежде чем отправиться искать Григория. Она задумалась.

—Я не понимаю. Григорию не нравится гулять одному. Ему очень страшно было бы идти по лесу одному ночью. Почему же все собрались здесь? **Что-то тут не так**.

Когда она начала искать свою группу, то никого не увидела.

—Где вы все? Ау! Кто-нибудь меня слышит?

Светлана пошла к лесу, где потерялся Григорий. Она долго шла и зажгла свой **фонарь**, который несла с собой в рюкзаке.

—Где вы все? Есть кто-нибудь?

Никого не было. Ни её родителей, ни родственников, ни подруг Клавдии и Вероники.

—Я ничего не понимаю!

Светлана вернулась в дом у озера и села на старой кровати. Она подождала немного, но никто так и не пришёл. Вдруг она услышала шум на кухне.

Она поднялась с кровати и медленно приблизилась к кухне. Она пыталась не шуметь. Она хотела увидеть, кто был на кухне. Подруги? Мама?

Она зажгла **фонарь** и увидела чудище. Большое, **страшное** и **волосатое**.

Светлана закричала и выбежала из дома.

—Помогите! Помогите!

Чудище погналось за ней. Оно бежало быстрее неё. Оно догнало Светлану, она упала на землю и стала **отбиваться ногами**. Чудище крепко схватило её за ноги и не отпускало.

Светлана продолжала бороться, но вдруг чудище отпустило её и поднялось. Оно смотрело на Светлану, лежащую на земле.

—Что происходит? Что случилось?

Светлана была очень **напугана**. Все, кто был раньше в доме, вышли из леса с зажжёнными **фонарями**. Но у них было в руках ещё что-то: **свечи**.

В этот момент, она всё поняла.

Чудище сняло костюм: это был её отец!

—С днём рождения, солнышко!

— С днём рождения! —закричали все.

Светлана не знала, смеяться или сердиться.

—Папа, так чудовище — это был ты? Всё это время?

—Да, дочка. Всё время я.

—А где Григорий?

Григорий вышел из леса. Он был **цел и невредим**.

—Прости, Света. Мы тебя разыграли. Но взамен мы тебе подарим очень хороший подарок.

—Какой подарок?

Все поднялись и отвели её к дому.

—Твои родители купили этот старый дом, и мы его переделаем и **отремонтируем**. Это будет наша **дача**.

Светлана засмеялась. Все громко захлопали в ладоши. Они сказали, что Светлана очень **смелая**.

—Я надеюсь, что тут поблизости не будет ни одного медведя, когда мы будем ходить на прогулки – сказала она.

Приложение к главе 3

Краткое содержание

Светлана увидела свет внутри дома у озера. Она подошла к дому и вошла в него. Здесь была вся её семья, её друзья и ещё много народу. Они пошли в лес на поиски Григория, но оставили её одну. Она вернулась в дом и обнаружила на кухне чудище. Она борется с чудищем, и оказывается, что это её отец. Это был розыгрыш и подарок на день рождения: дом у озера будет теперь её дачей.

Словарь

- **ветка** = branch
- **тусклый** = faint
- **вокруг** = around
- **озабочены** = worried, concerned
- **Что-то тут не так** = there is something wrong
- **фонарь** = torch
- **волосатое** = hairy
- **отбиваться ногами** = kick about
- **напугана** = nervous, scared
- **свечи** = candles

- **цел и невредим** = safe and sound
- **отремонтировать** = remodel, rebuild, restyle
- **дача** = summer house
- **смелая** = brave

Вопросы с вариантами ответов
Выберите один верный, по вашему мнению, ответ на каждый вопрос

11. Когда Светлана вошла в дом в первый раз, она увидела...
    а. Григория
    б. своего отца
    в. всю семью и друзей в сборе
    г. чудище

12. Они решают...
    а. отправиться на поиски Григория
    б. позвонить Григорию по мобильному телефону
    в. идти искать его в лес
    г. вернуться в деревню

13. Когда Светлана задумывается у озера, она...
    а. видит что-то странное в воде
    б. встречает своего отца
    в. встречает чудище
    г. остаётся одна

14. Что происходит, когда она возвращается в дом?
    а. Она слышит шум на кухне
    б. Ей звонят по мобильному

в. В дом заходят Клавдия и Вероника

г. Она засыпает

15. Кто был чудовищем?

а. Мать Светланы

б. Григорий

в. Отец Светланы

г. Медведь

Ответы к главе 3

11. в
12. а
13. г
14. а
15. в

3. Рыцарь

Глава 1. Золото

Давным-давно было одно **королевство**, где жили **необычные** люди, животные и сказочные существа. По этому королевству бродил **рыцарь**, одетый в чёрно-белые одежды.

Он остановился на **площади**, чтобы купить фруктов.

–Здравствуйте, рыцарь –сказал ему продавец **фруктов**.

–Приветствую.

–Желаете **фруктов**?

–Да, пожалуйста.

Продавец дал рыцарю несколько яблок, и тот продолжил свою прогулку по площади. Площадь была большой, светлой, многолюдной, здесь было много лавок с различными товарами. Рыцарь подошёл к другому продавцу и стал его спрашивать:

–Здравствуй, почтенный **торговец**.

–Здравствуйте, рыцарь.

–У тебя есть **волшебное зелье**?

–Какое **волшебное зелье**?

—Волшебное зелье, придающее **силу**.

Торговец поискал в своих **мешках** и сказал рыцарю:

—Сожалею. Сейчас у меня нет, но я могу его **приготовить**.

—Сколько времени займёт, чтобы приготовить две порции **зелья**, придающего силу?

—В **час обеда** приходите сюда снова.

—Благодарю, почтенный торговец.

Рыцарь ходил по площади, и люди смотрели на него. Никто не знал его здесь, хотя это было очень **знаменитый** рыцарь. Он сражался против многих **монстров** и страшных чудовищ. Он путешествовал из королевства в королевство, защищая королей от их **врагов**.

Он подошёл ко входу в **замок,** и его остановили два **стражника**.

—Кто ты, незнакомец? —спросил один из стражников.

—Меня зовут Ларс. Я хочу видеть короля этого королевства.

—**Боюсь,** что ты не сможешь увидеть короля. Он занят.

Ларс **отступил** на несколько шагов назад и положил свою суму на землю. В суме его было множество таинственных предметов и **пергаментных свитков**. Рыцарь достал из сумы один старый **пергамент** и дал его стражнику.

—У меня есть для короля приглашение —сказал Ларс.

Стражник посмотрел на **пергамент**. Он казался **официальным**, на нём стояла **подпись**.

—Хорошо —сказал ему стражник, — можешь проходить.

—Спасибо.

Рыцарь вошёл через большие **каменные** ворота и прошёл по **мосту**, ведущему в замок. Замок был очень большой, высокий, с высокими **стенами**. Ларс дошёл до вторых ворот. Там стражники пропустили его, и он дошёл до **зала** дворца.

Зал был очень большой и богато **украшенный**. Здесь было много стражников, которые смотрели на него с **недоверием**. Они не знали, зачем Ларс пришёл сюда. Король Андур спустился по парадной лестнице зала. Он был одет в красную мантию, и на его голове красовалась **золотая корона**.

—Ты Ларс? —спросил король Андур.
—Да, я Ларс.
—Что ты делаешь здесь, в моём замке?
—Я пришёл поговорить с Вами.

—Проходи в мои **палаты**.

В палатах короля Ларс и король Андур сели в кресла. Ларс пил **вино**, которое предложил ему король.

—Спасибо за вино, Ваше величество, — сказал он.

—А теперь скажи мне, рыцарь. Что ты хочешь?

—Я слышал, Вам нужна помощь.

—И что именно ты слышал?

—Вам нужен кто-то, кто бы отвёз **золото** в королевство Вашего брата, но Вы никому не **доверяете**.

Король подумал несколько минут над предложением Ларса.

—И почему я **должен** тебе доверять, рыцарь?

—Люди доверяют мне уже **очень долго**. Я никого не **обманул**.

—Это много **золота**.

—Да, это много **золота**. Но мне не нужно **золото**. У меня его уже много. Я уже пережил столько **приключений**, и у меня всего достаточно.

—И почему же ты тогда продолжаешь искать **приключений**?

—Я не могу жить без **приключений**, это моя жизнь. Я люблю путешествовать и открывать новые места.

Несколько минут спустя король Андур решился:

—Хорошо, Ларс. Спустись по лестнице **снова** и скажи моим стражникам, что ты повезёшь **золото** в королевство моего брата.

—Благодарю, король Андур.

—**Не благодари меня пока**. Когда я получу известие от моего брата, тогда всё будет в порядке.

Рыцарь спустился по лестнице и обратился к стражнику. Тот сказал:

—Ларс! Ты здесь! я слышал, что ты повезёшь груз с **золотом**.

—Да, я повезу золото в королевство брата короля.

—Понятно. Я тебе помогу. Позовём ещё двух стражников.

Немного позже компания из трех стражников с **мечами** и **щитами** выходила вместе с рыцарем на дорогу.

Дорога на север вела прямо в королевство брата короля Андура. **Лошади** и груз уже ждали, чтобы отправиться в путь.

Рыцарь сказал:

—Подождите минуточку. Мне нужно сходить на площадь.

Рыцарь вновь пришёл к любезному **торговцу**.

—Приветствую. Две порции **зелья** уже готовы?

—Да, вот они!

Торговец дал ему зелье и сказал:

—Это стоит 3 **золотых монеты**.

Рыцарь дал ему 3 **золотых монеты**.

—Спасибо, любезный **торговец**. Всего тебе хорошего.

—И вам тоже. Счастливого пути!

Ларс вернулся на дорогу, где его ожидали три стражника. Лошади были накормлены, и всё было готово.

Один из стражников, по имени Альфред, спросил:

—Ты готов, Ларс?

—Да, всё готово. Можем начинать путешествие.

—Прежде чем ты отправишься в путь, хочу тебе сказать, что мы самые лучшие охранники короля. Мы **решаем** любые проблемы, которые возникнут в пути. Если ты попытаешься **украсть золото**, мы тебя убьём.

—Ничего себе! —сказал Ларс. — Какие милые!

—Это не **угроза**, рыцарь. Это только **предупреждение**.

—Хорошо, поехали.

Лошади отправились в путь. Мешки с **золотом** лежали в задней части **карет**, и

Ларс улыбнулся, когда группа начала свой путь по лесу.

Приложение к главе 1

Краткое содержание

Один рыцарь приезжает в королевство короля Андура. Там он покупает волшебное зелье и приходит в замок. Он просит у короля повезти золото в королевство его брата. Три стражника короля едут вместе с ним в дорогу.

Словарь

- **королевство** = kingdom
- **необычный** = exotic
- **рыцарь** = knight
- **площадь** = square, marketplace
- **фрукты** = fruit
- **торговец** = shop assistant
- **эликсир** = potion
- **мешки** = bags
- **приготовить** = prepare
- **час обеда** = lunch time
- **знаменитый** = famous
- **монстров** = monsters
- **врагов** = enemies
- **замок** = castle
- **стражники** = guards
- **Боюсь** = I'm afraid...

- **отступил** = he went back
- **пергамент** = scroll
- **официальный** = official
- **подпись** = signature
- **каменные** = made of stone
- **мост** = bridge
- **стены** = walls
- **зал** = hall
- **украшенный** = decorated
- **недоверие** = suspicion
- **корона** = crown
- **палаты** = throne room
- **вино** = wine
- **золото** = gold
- **доверять** = trust
- **должен** = should
- **очень долго** = for far too long
- **обманул** = cheated
- **приключение** = adventures
- **снова** = again
- **не благодари меня пока** = don't thank me yet
- **мечи** = swords
- **щиты** = shields
- **дорога** = road
- **лошади** = horses
- **монеты** = pieces, coins
- **решаем** = we solve

- **украсть** = steal
- **угроза** = threat
- **предупреждение** = warning
- **карета** = carriage

Вопросы с вариантами ответов
Выберите один верный, по вашему мнению,
ответ на каждый вопрос

1. Каких цветов одежда рыцаря?
   - а. Чёрный и красный
   - б. Чёрный и белый
   - в. Чёрный и синий
   - г. Белый и красный

2. Рыцарь покупает...
   - а. одну порции зелья силы
   - б. две порции зелья силы
   - в. одну порцию яблочного зелья
   - г. две порции яблочного зелья

3. На входе в замок Ларс...
   - а. говорит с королём
   - б. говорит с любезным торговцем
   - в. говорит с братом короля
   - г. говорит со стражниками

4. Какой груз нужно перевезти?
   - а. Яблоки
   - б. Волшебное зелье
   - в. Золото
   - г. Стражников

5. Куда повезёт груз рыцарь?
   - а. В неизвестное королевство
   - б. В королевство брата короля
     Андура

в. В лес королевства
г. На площадь королевства

Ответы к главе 1

1. б
2. б
3. г
4. в
5. б

Глава 2. Лес

Рыцарь продолжил путь с тремя стражниками, сопровождая груз с золотом, который везли лошади.

Альфред, **один из** стражников, сказал:

—Ларс, ты знаешь эту дорогу?

—Да, Альфред. Эта дорога неспокойная. На ней много **опасностей**. Мы попытаемся не вступать в борьбу с самыми **опасными** чудовищами на нашем пути.

—Ты умеешь **воевать**, Ларс?

—Как ты уже знаешь, я знаменит своими **победами**. Я очень хорошо умею **воевать**.

—Это меня успокаивает. Поехали!

Рыцарь Ларс и три стражника **переехали** через большой каменный мост. Он был **похож** на мост в королевстве Андура.

—Альфред, —сказал Ларс, — этот мост очень **похож** на мост вашего замка.

—Да, Ларс. Мы его построили очень давно.

—Вы?

—Не мы именно, а **жители** королевства, много лет назад.

За мостом начинался большой лес. В нём было много деревьев, но он был очень **тихий**. Там не было животных, не было никакого шума.

—Почему этот лес такой **тихий**? — спросил Альфред.

—Он так и называется: Тихий Лес. Здесь нет животных.

—Почему?

—Много лет назад здесь была огромная битва между королями-братьями.

Альфред не знал этого. Он думал, что король Андур и его брат **доверяли друг другу**.

—Ты удивлён, Альфред? —сказал Ларс.

—Да, —ответил тот.

—Почему?

—Я думал, что короли-братья никогда не **воюют**.

—Оказывается, **воюют**. Битва была много лет назад.

Тихий Лес был очень тёмным, сюда едва проникал солнечный свет. Деревья были очень высокие, с очень длинными **ветвями**.

—Ты знаешь, где мы находимся? — спросил Альфред.

—Да, этот лес очень **тёмный**, но я знаю дорогу.

—Ты здесь уже когда-нибудь был?

Рыцарь Ларс улыбнулся и сказал:

—Да, я уже раньше был здесь.

—Когда?

—Много лет назад.

Ларс вспомнил те годы, когда король Андур и его брат воевали. Одна из самых больших битв была здесь, в этом лесу. Раньше он назывался Лесом Животных. После той большой битвы он стал называться Тихим Лесом.

Ларс сказал:

—Когда я был молодым, я **воевал за** короля Андура. Здесь была большая **битва**.

—Почему произошла эта битва?

—**Битву** начал король Андур.

—И почему он захотел воевать против своего брата?

—Король Андур хотел завладеть одним **источником** в этом лесу.

Несколько минут они ехали молча. Альфред думал. Он хотел знать больше о той крупной битве. Он хотел знать, что случилось здесь много лет назад. Он думал, что Андур — **миролюбивый** король, что он ни против кого не воевал.

—Можно спросить ещё одну вещь, рыцарь?

—Да, спрашивай что угодно.

—Что это за **источник**?

—Подожди и увидишь.

Ларс и Альфред замолчали и целый час ехали молча. Солнечного света по-прежнему не было видно. Были только деревья, тишина и больше ничего. Наконец они приехали к озеру.

—Мы приехали к озеру —сказал рыцарь.

—Что это за озеро?

—Много лет назад это озеро было **источником**.

—Это тот самый **источник**, о котором ты мне говорил?

—Да.

Три стражника и рыцарь подошли к берегу озера. Ларс заговорил:

—Много лет назад это был только **источник**. Здесь было очень мало воды, не столько, как сейчас. И эта вода была **волшебной**. Кто её пил, **приобретал** волшебную **силу**.

—Какую волшебную **силу**?

—Кто пил из этого источника, наделялся огромной **силой и властью**.

Альфред зачерпнул немного воды и выпил.

—На вкус обычная вода —сказал он.

–Конечно, – сказал Ларс, –это сейчас вода обычная. Но много лет назад она была **волшебной**.

Альфред вытер руки и сказал:

–И что случилось, когда вода была **волшебной**?

–Два короля-брата боролись за то небольшое количество **волшебной** воды, которое здесь было. Они вычерпали отсюда всю воду, чтобы дать своим воинам. Осталось совсем немножко.

–И где же этот остаток?

–Он потерялся. Только некоторые **торговцы** на рынках ещё до сих пор продают эту волшебную воду. Пойдёмте из этого леса.

Вся компания вместе с лошадьми снова отправилась по дороге. Когда они выходили из леса, на небе стало видно солнце. Деревья уже не были такими высокими, и можно было видеть окружающий пейзаж.

–Мы уже вышли из Тихого Леса – сказал Ларс.

–Где мы?

–Мы уже почти приехали. **Нам повезло**. Мы не увидели ни одного монстра или чудовища.

На лице Альфреда появился испуг.

–В этом лесу есть чудовища и монстры?

Ларс засмеялся.

—Да, и много. Но мы ехали днём. Днём их немного. Больше появляется **ночью**.

—Почему ты раньше нам об этом не сказал?

—Не хотел вас **беспокоить**.

—Хорошо, поехали.

Компания продолжила путь по дороге. Вдали они увидели **город**. Им показалось, что это королевство брата Андура. Охранники никогда там не были.

—Это его королевство? —спросил Альфред.

—Да, это королевство. Туда нам нужно доставить груз с золотом.

—Можно спросить ещё одну вещь, рыцарь?

—Говори.

—Для чего это золото?

—Король Андур **проиграл** битву в Тихом Лесу. С тех пор он **каждый год** должен **платить** оброк золотом своему брату.

—Зачем он должен платить золотом своему брату? Разве не наступил **мир**?

—Да, **мир** наступил. Но у брата есть кое-что, чего нет у Андура.

—Что?

—**Волшебная** вода. У меня есть с собой две порции зелья, **приготовленного** из этой воды.

Ларс показал стражникам бутылочки с зельем, которые он купил у торговца, прежде чем отправиться в поход.

Приложение к главе 2

Краткое содержание

Рыцарь и стражники короля Андура путешествуют за пределы королевства. По дороге рыцарь Ларс рассказывает им историю. Король Андур сражался со своим братом в битве в Тихом Лесу. Брат Андура выиграл войну и завладел волшебной водой, которая даёт силу тому, кто её выпьет.

Словарь

- **лес** = forest
- **один из** = one of the
- **опасности** = dangers
- **опасный** = dangerous
- **воевать** = fight
- **победы** = victories
- **переехать** = cross
- **похож** = similar
- **жители** = people
- **тихий** = quiet
- **доверяли друг другу** = trusted each other
- **воевали** = fought
- **ветви** = branches

- **тёмный** = dark
- **я воевал за...** = I fought for...
- **битва** = battle
- **источник** = spring (of water)
- **миролюбивый** = peaceful
- **волшебный** = magic
- **торговцы** = merchants
- **приобретал** = obtained
- **силы** = powers
- **власть** = power
- **Нам повезло** = we were lucky
- **ночью** = at night
- **беспокоить** = to worry
- **город** = city
- **проиграл** = lost
- **платить каждый год** = pay each year
- **мир** = peace
- **приготовленный** = made

Вопросы с вариантами ответов
Выберите один верный, по вашему мнению,
ответ на каждый вопрос

6. Рыцарь Ларс...
   - а. знает дорогу
   - б. не знает дорогу

7. Кто путешествует в компании?
   - а. Три стражника и Ларс
   - б. Два стражника и Ларс
   - в. Один стражник и Ларс
   - г. Ларс путешествует один

8. Что произошла в Тихом Лесу?
   - а. Ничего не произошло
   - б. Была война между двумя братьями
   - в. Была неизвестная война

9. Источник в Тихом Лесу...
   - а. до сих пор существует
   - б. никогда не существовал
   - в. теперь на его месте озеро

10. Когда путешественники выходят из Тихого Леса, они видят...
    - а. ещё один лес
    - б. море
    - в. что они вернулись в королевство Андура
    - г. королевство брата Андура

Ответы к главе 2

6. а
7. а
8. б
9. в
10. г

Глава 3. Секрет

Рыцарь снова спрятал бутылочки с зельем.

Альфред сказал:

—Мы входим в королевство Арсурен.

—Да, Альфред. Это королевство брата Андура.

—Как мы войдём?

—Через **главные ворота**.

Лошади продолжили путешествие и спустились по красивому **склону**, заросшему травой, **весенними** деревьями и **ручьями**, полными воды. По дороге они встретили много **крестьян**.

Крестьяне жили за пределами стен замка королевства. Они **возделывали землю** и **собирали урожай**, чтобы накормить тех, кто жил в замке.

Один из **крестьян** остановился, чтобы посмотреть, как группа путешественников проходит по дороге.

—Добрый день, господин! —сказал он.

—Приветствую тебя, **благочестивый** крестьянин —ответил ему рыцарь Ларс.

—**Куда вы едете**?

—Я еду в замок. За стены, **внутрь** королевства.

Подошла жена крестьянина.

—Кто эти люди? —спросила она своего мужа.

Её муж не ответил, потому что не знал ответа. Поэтому он спросил **напрямую** у Ларса:

—Кто вы? Я вижу, вы везёте на лошадях груз.

—Мы делегация от короля Андура.

Крестьяне замолчали на несколько секунд. Затем один из них сказал:

—Я надеюсь, не случилось ничего **серьёзного**.

—**Спокойствие** —сказал Альфред с улыбкой, — всё в порядке.

—Я рад. Счастливого пути.

Группа продолжила свою поездку по полям, и стражник спросил у Ларса:

—**Кажется,** что они **боялись** или **беспокоились**.

—И это действительно так.

—Почему?

—Потому что есть секрет, который король Андур не знает. О нём знают только жители этого королевства.

—И что же это? Мы в опасности?

Ларс ничего не сказал, и они продолжили путь, пока не пришли к большому каменному мосту, похожему на мост в замке короля Андура.

На мосту были стражники. Один из них подошёл а Альфреду и спросил:
—Вы **приехали от** короля Андура?
—Да. Этот рыцарь **защищал нас** в пути, и ещё два стражника **приехали с нами**.
—Хорошо. Это обычный груз, как каждый год?
—Точно так. Как каждый год.

Стражник замка Арсурена **дал знак** открыть ворота. Другой стражник открыл ворота, и наша компания вошла в замок.

Они вошли на площадь. Там было много народу. Много торговцев, много крестьян, которые возвращались с работы в поле. Много стражников.

Они прошли по площади, и Альфред удивился:
—Это место **мне кажется знакомым**.
—Эта площадь похожа на площадь в королевстве Андура.
—Да, она почти **один в один** как та.

Альфред стал разговаривать с людьми: с торговцами, крестьянами, стражниками – и сказал Ларсу:

–Все люди здесь очень **приветливые**.

–Много лет назад эти два королевства были **объединены**, –сказал Ларс.

Лошади с грузом въехали в ворота замка. Замок тоже был очень похож на замок короля Андура. Стражники Арсурена увели лошадей, чтобы **разгрузить** золото. Ларс и Альфред пошли к королю. Король сказал им:

–Добро пожаловать в моё королевство!

–Приветствуем вас, **Ваше Величество**.

–Это ты, Ларс! Рад тебя видеть!

–Я тоже рад Вас видеть.

Альфред ничего не понимал. Как они друг друга знали?

–Ты привёз всё золото, Ларс?

–Да, оно Ваше.

–Отлично! Можем начинать наш **план**.

Альфред испугался. Какой такой **план**?

Ларс достал свои зелья силы, которые купил у торговца на площади, и дал королю.

–Что здесь происходит? –спросил Альфред.

–Мы должны тебе кое-что рассказать, Альфред.

–Что происходит?

Альфред отошёл от них на несколько шагов, испуганный. Как получилось, что король и рыцарь Ларс знали друг друга? Зачем Ларс вынул свои зелья силы? Ведь в королевстве Арсурен была волшебная вода, чтобы такое зелье приготовить?

Ларс подошёл к Альфреду:

–Альфред, – сказал он, – волшебная вода этого королевства уже давно **кончилась**.

–А король Андур об этом знает?

–Нет, он об этом не знает.

–А зачем ты дал королю волшебное зелье силы?

–Это самые последние порции зелья силы, последние, приготовленные из волшебной воды.

–И что ты с ними будешь делать?

–**Мы приготовим** ещё много такого зелья.

Альфред **почувствовал, что его предали**.

–**Ты меня обманул!** –сказал он.

–Я тебя обманул ... Но ради того, чтобы **сохранить мир**.

–Как же у королей-братьев теперь будет мир? Секрет о том, что волшебная вода кончилась, ещё никто не знает. Но кто-нибудь

126

из приближенных короля Андура может **это знать**.

Рыцарь Ларс был серьёзным.

—Альфред, если король Андур узнает, что волшебной воды больше нет, то миру настанет конец. Король Андур пойдёт войной на Арсурен, и все кончено.

—Поэтому тебе нужно приготовить ещё зелья.

—Да, лишь бы **сохранить мир**.

Альфред был не согласен.

—И моё королевство будет каждый год платить золото из страха?

Ларс ответил:

—Я над этим не **властен**, Альфред.

—Извините, —сказал Альфред,— Ваше Величество, Ларс, мне нужно ехать.

Когда Альфред был готов к **выходу**, Ларс **обратился** к нему ещё раз:

—Расскажи своему королю, Андуру, этот секрет.

—Почему?

—Потому что торговец, который продал мне последние две порции зелья, **работает у него**. В его королевстве тоже есть волшебная вода.

—И будет война?

—Не знаю, но мы попытаемся, чтобы войны не было. Но сейчас поезжай и расскажи ему это.

—**До встречи**, рыцарь.

Приложение к главе 3

Краткое содержание

Компания едет по дороге и встречает крестьян, которые работают в поле, а затем въезжает на площадь. Площадь королевства Арсурен похожа на площадь королевства Андура. Они говорят с королём Арсурена, и рыцарь Ларс даёт ему последние порции волшебного зелья. Открылся секрет: в Арсурене уже не было волшебной воды. Теперь, если король Андур узнает этот секрет, может начаться война.

Словарь

- **главные ворота** = main door
- **склон** = hillside
- **весенние** = spring
- **ручьи** = streams
- **крестьяне** = farmers
- **возделывать** = to cultivate
- **земля** = earth
- **собирали** = pick up
- **урожай** = harvest
- **благочестивый** = courteous (formal)

- **Куда вы едете?** = Where are you going?
- **внутрь** = inside
- **напрямую** = directly
- **серьёзный** = serious, grave
- **Спокойствие** = calm
- **кажется** = it seems
- **боялись** = fear
- **беспокоились** = were worried
- **приехали от** = on behalf of
- **защищал нас** = protected us
- **приехали с нами** = come with us
- **дал знак** = made a gesture
- **мне кажется знакомым** = I am familiar with…
- **один в один** = identical
- **приветливые** = friendly
- **объединены** = united
- **разгрузить** = download
- **Ваше Величество** = His/Her Majesty
- **план** = plan
- **кончилось** = finished
- **приготовим** = we're going to produce, manufacture
- **почувствовал, что его предали** = he felt betrayed
- **ты меня обманул** = you've lied to me

- **сохранить мир** = maintain peace
- **может это знать** = can know it
- **властен** = have control
- **был готов к выходу** = leaving
- **обратился к нему** = reached him
- **работает у него** = works for him
- **до встречи** = until we meet again

Вопросы с вариантами ответов
Выберите один верный, по вашему мнению,
ответ на каждый вопрос

11. Первый человек, с которым наши герои
    говорят в королевстве, - это...
        а. король
        б. королева
        в. крестьянин
        г. крестьянка

12. Площадь королевства Арсурен...
        а. непохожа на площадь
        королевства Андура
        б. похожа на площадь короля
        Андура
        в. они не приезжают на площадь
        королевства

13. Ларс и король Арсурена...
        а. ссорятся
        б. не знают друг друга
        в. знают друг друга

14. Что даёт Ларс королю?
        а. Меч
        б. Одну порцию зелья силы
        в. Две порции зелья силы
        г. Все вышеперечисленное

15. Какой был секрет?

а. В королевстве Арсурен больше нет волшебной воды

б. Король Андур пойдёт войной на королевство Арсурен

в. Ларс – это король Арсурена

г. Золото фальшивое

Ответы к главе 3

11. в
12. б
13. в
14. в
15. а

4. Часы

Глава 1. Легенда

Николай был **часовщиком**. Он работал по многу часов в день. У него была **собственная мастерская** в Москве, в России. Он работал днями и ночами. Он **чинил часы**, создавал свои собственные часы и выполнял другие особые **заказы**.

Это был мужчина средних лет. Он не был **женат**. Его родители жили в Украине. Он жил один в маленькой квартире на небольшой улочке в Москве. Он был высокий и худой, но очень сильный.

Николаю очень нравилось гулять по московским паркам. Он работал много часов, и когда ему хотелось отдохнуть, шёл на прогулку. Он выходил из своей **мастерской** и шагал по нескольку минут, чтобы **размять ноги.**

Однажды вечером на одной из таких прогулок он встретил **давнюю подругу**. Её звали Татьяна.

—Николай! Как дела?

—Здравствуй, Татьяна. Что ты делаешь в парке **так поздно**?

—Гуляю, так же, как и ты.

—Я вижу.

Николай и Татьяна гуляли вместе достаточно долго и говорили о многих вещах. Они поговорили о своей работе, о родственниках, о ситуации в **стране** и ещё о многом другом.

Татьяна спросила:

—Как твоя работа? Ты много работаешь?

—Да, у меня много работы, и **клиенты довольны** мной.

—Я очень рада, Коля.

Татьяна работала в **порту**, в **ночную смену**. Она **была диспетчером кораблей**, которые прибывали в порт и отправлялись из него.

—Коля, я что-то нашла.

—Что ты нашла, Таня?

Татьяна вынула из кармана старинные **часы**. Они были совсем старые и очень странные. Николай раньше таких не видел.

—Ты знаешь, что это за **часы**?

—**Дай посмотреть**.

Николай взял часы в руки и **внимательно их осмотрел**.

—Не имею ни малейшего понятия — наконец сказал он.

Татьяна удивилась.

—Ты правда не знаешь?

—Ну, это часы, но очень старые. Ты торопишься на работу, Таня?

—Нет, моя работа начинается только **через час**.

—Тогда пойдём в мою **мастерскую**, там у меня есть книги, которые могут нам помочь.

Они пошли в часовую **мастерскую** Николая. Дверь **мастерской** была очень старой и грязной. В **мастерской** было много аппаратов, **часов**, **механизмов** и различных **деталей**. Это была работа Николая. Татьяна раньше никогда не была в его **мастерской**.

—Вот это да! —сказала она.— У тебя тут столько всего разного!

—Да, у меня много работы, и я люблю свою работу.

—Это хорошо!

Николай **сделал знак** Татьяне, **чтобы она следовала за ним** в комнату. В этой комнате было много книг. Книги были очень большие и старые. У многих из них даже не читалось **название**.

—Что мы здесь делаем? —спросила она.

—**Мы будем искать** информацию.

—Информацию о чём?

—Я хочу знать, какие это **часы**. Я **никогда не видел ничего подобного.**

Николай и Татьяна несколько минут искали информацию в книгах. Она нашла что-то в книге о Карибском море и пиратах.

—**Я нашла!** —сказала она.

Николай закрыл свою книгу и подошёл к Татьяне.

—Что это, Таня?

—Книга о **пиратах**.

Николай **очень удивился**. Книга о **пиратах**? Почему в книге о пиратах рассказывается о **часах**? **В этом нет никакого смысла.**

Татьяна сказала:

—Эта книга о **пиратах** Карибского моря во **времена** их **сражений** с испанским флотом.

—Я не понимаю. При чём здесь **пираты**?

—Послушай.

Татьяна продолжала читать.

—В этой книге говорится о том, что был один очень известный пират. Его звали Эрик Кракен. Его **часы** были особенные, и обладали **волшебной силой**.

—Какой **волшебной силой**?

—Говорили, что эти **часы** позволяли ему **путешествовать во времени**. Это легенда.

Николай засмеялся и сказал:

—Пират с **часами**, которые путешествуют во времени? Какие глупости!

В тот же момент, когда Николай сказал эту фразу, из **мастерской** по починке **часов** послышался шум.

—Что это было, Таня?

—Не знаю! Пойдём посмотрим!

Они вернулись в **мастерскую**, и обнаружили, что пиратские **часы** исчезли. Дверь была открыта. Вдали слышались удаляющиеся шаги.

—У нас украли **часы**! —сказал Николай.

—Видишь, Коля? Эти **часы** особенные. Они непростые.

—**Пойдём за ним!**

Николай и Татьяна выбежали из **мастерской** и вернулись в парк. Здесь на земле они увидели следы, большие и глубокие следы, похоже очень высокого и **крепкого** сложения мужчины.

—Смотри, Коля! Вот он!

Николай **побежал за** человеком, который украл **часы**, и закричал:

—Эй, ты! Стой! Остановись прямо сейчас!

Крепкий мужчина не обратил никакого внимания на предупреждение и продолжал бежать. Николай закричал ещё громче:

—Стой! Пожалуйста, остановись!

Мужчина опять не отреагировал. Николаю пришлось бежать **ещё быстрее**, и наконец он его догнал. Он **толкнул** мужчину, и тот **упал** на землю. Он закричал и стал **ругаться**.

—Отпусти меня! Я ничего не сделал! Это мои **часы**!

У мужчины был странный вид. Одежда его была старой, какой-то несовременной, как будто из другой эпохи.

Николай и Татьяна внимательно смотрели, как он поднимался с **земли**. **Здоровяк** отряхнул с себя **землю** и листья. **Часы** были у него в правой руке, и он смотрел на наших героев подозрительно.

—Что вам от меня нужно? Почему вы на меня так смотрите?

Здоровяк говорил с очень странным, каким-то испанским акцентом. Николай сказал ему:

– Ты украл у меня **часы**. Ты забрался в мою **мастерскую** и взял их **без разрешения**.

– Нет! – сказал мужчина.– Это ты у меня их украл! Я только взял обратно! Они мои!

Николай и Татьяна поглядели друг на друга.

Татьяна сказала мужчине:

– Кто вы?

– Я Эрик Кракен. Мне **нужно вернуться** в XVII **век**.

Приложение к главе 1

Краткое содержание

Николай был часовщиком. Он работал много, без отдыха, но иногда гулял по парку. Однажды вечером, гуляя со своей подругой Татьяной, он нашёл часы. Легенда гласит, что эти часы имеют волшебную силу, позволяя их владельцу путешествовать во времени. Незнакомый мужчина украл у них эти часы. Этот мужчина оказался пиратом Эриком Кракеном.

Словарь

- **легенда** = legend
- **часовщик** = watchmaker
- **собственная мастерская** = his own workshop
- **чинил часы** = repaired watches
- **заказы** = orders
- **женат** = married
- **мастерская** = workshop
- **размять ноги** = stretch his legs
- **давняя подруга** = an old friend (she)
- **так поздно** = so late

- **страна** = country
- **клиенты** = customers
- **довольны** = happy
- **порт** = port
- **смена** = work shift
- **ночная** = night, nighttime
- **диспетчер** = control officer
- **корабли** = ships, boats
- **часы** = watch
- **дай посмотреть** = let me have a look
- **внимательно осмотрел** = closely looked
- **через час** = within the hour
- **механизмы** = mechanisms
- **детали** = pieces
- **сделал знак** = made a gesture
- **следовать за ним** = to accompany him
- **название** = title
- **будем искать** = let's look for
- **никогда не видел ничего подобного** = I've never seen anything like this
- **я что-то нашла** = I've found something
- **пираты** = pirates
- **удивился** = was astonished

- **в этом нет никакого смысла** = it makes no sense
- **времена** = era, age
- **сражение** = battle
- **волшебная сила** = strange powers
- **путешествовать во времени** = travel in time
- **пойдём за ним** = go after him!
- **крепкий, здоровяк** = strong, strong man
- **век** = century
- **побежал за** = chase someone
- **ещё быстрее** = even faster
- **толкнул** = push
- **упал** = fell
- **ругаться** = complain
- **без разрешения** = without permission
- **мне нужно вернуться** = I have to go back

Вопросы с вариантами ответов
Выберите один верный, по вашему мнению, ответ на каждый вопрос

1. Кем работал Николай?
    - а. Часовщиком
    - б. Рыбаком
    - в. Пиратом
    - г. У него не было работы

2. Татьяна – это ...
    - а. его невеста
    - б. его жена
    - в. его дочь
    - г. его подруга

3. Что Николай делал, когда ему хотелось отдохнуть?
    - а. Гулял по улицам Москвы
    - б. Ходил по мастерской
    - в. Гулял по парку
    - г. Читал книги

4. Легенда гласила, что часы...
    - а. были из Испании
    - б. были из Франции
    - в. обладали волшебной силой
    - г. принадлежали королю

5. Как часы исчезли из мастерской Николая?
    - а. их украла Татьяна

б. их украл незнакомец
в. они их потеряли
г. часы исчезли волшебным образом

Ответы к главе 1

1. а
2. г
3. в
4. в
5. б

Глава 2. Карибское море

–Ты? Эрик Кракен? –удивился Николай.

Николай подошёл к нему поближе. Он был похож на старинного пирата. Пирата Карибского моря. Пирата, о которых рассказывают легенды и **сказки**. Может, это и правда?

–Да, это я.

Николай понял теперь, что часы и вправду обладали волшебной силой.

–Теперь я понял... Легенда говорит **правду**!

–Какая легенда? –спросил Эрик.

–Легенда твоих часов.

Эрик посмотрел на Николая и Татьяну.

–Откуда вы знаете?

Татьяна ответила:

–Мы прочитали об этом в книге.

–В книге, говоришь? ХА! Так значит, я знаменитость!

–Нет... не совсем так. Только твои часы.

Эрик походил немного, задумавшись. Потом он вынул часы из **кармана** и сказал:

—Эти часы мои. Но вообще-то не я же их **сделал**. Я **нашёл** их в **сокровищах** другого пирата.

—Другого пирата? —сказал Николай.

—Да, но не знаю точно в чьих. Сокровище никто не **охранял**.

Николай понял тогда, что Эрик Кракен всего лишь нашёл часы. Он не знал, как они действуют. Эрик также не знал, что они обладают волшебными свойствами.

Николай сказал пирату:

—Эрик, ты знаешь, как **работают** эти часы?

—Не знаю. **Иногда** я беру их в руки, и они меня переносят в ваше время. Несколько минут спустя, если они у меня в руках, я возвращаюсь в свою эпоху. Осталось совсем немного, чтобы вернуться.

—И почему ты выбрал наше время?

—Мне нравится смотреть, как изменились вещи. Уже нет пиратов Карибского моря! **Дома** такие высокие! И у вас даже есть **летающие машины**!

Николай и Татьяна улыбнулись. Пират не привык видеть те вещи, которые казались им обычными и повседневными. Он казался немного **сумасшедшим**.

Эрик опять **сильно** сжал часы и сказал:

—Через несколько секунд я вернусь в свою эпоху **несколько веков назад**.

Николай и Татьяна посмотрели на него. Они переговорились между собой.

—Что думаешь, Татьяна?

—Что я думаю, говоришь?

—Хочешь попасть на Карибское море, в XVII век?

Татьяна **задумалась**.

—Поехали! —сказала она наконец.

Николай и Татьяна подошли к Эрику Кракену и сказали:

—Мы хотим ехать с тобой.

—На самом деле? —спросил Эрик.

—Да. Получится, если мы все трое прикоснёмся к часам?

—Да, получится. Вам только нужно положить ваши руки на часы.

Все трое дотронулись до часов и перенеслись в Карибское море, в XVII век, где испанские корабли воевали с пиратами.

Ночь превратилась в день и **вдруг** они очутились в пиратском лагере. Многие пираты смотрели на них.

Один из них, со **смуглой кожей** и длинными волосами, подошёл к Эрику Кракену.

–Здравствуй, **капитан**! Наконец ты вернулся!

Все трое отдернули свои руки от часов. Николай и Татьяна были **смущены**. Эрик Кракен был и капитаном. Он сказал своим пиратам:

–**Послушайте!**   **Позвольте представить вам...**

Эрик Кракен **понял**, что не знал имен своих новых **друзей**. Он спросил их:

–Как вас зовут?

–Николай и Татьяна.

–Точно! Команда! Представляю вам Николая и Татьяну!

Пираты не почувствовали ничего **странного**. Они знали о волшебной силе часов и **привыкли** к ней. Их капитан с этими часами время от времени исчезал, а затем появлялся снова.

Смуглый пират, которого звали Франк, сказал капитану:

–**На этот раз** ты вернулся с **гостями**!

–Да, Николай и Татьяна помогут нам в нашей миссии.

Николай спросил у Эрика:

—Миссии? Какой такой миссии?

—Вы нам поможете победить **сражение** с испанским флотом.

—Как? Ты нам ничего такого не говорил!

Эрик Кракен ушёл в свой **шатёр** на пляже. **Берег** был **полон** пиратских кораблей. Николай и Татьяна остались наедине с Франком.

—Меня зовут Франк. Простите.

—Почему вы просите прощения? – спросила Татьяна.

—Эрик просто в **отчаянии**. Испанцы знают о волшебной силе часов. Они хотят заполучить их **любой ценой**. Поэтому они каждую ночь нападают на нас. В данный момент идёт морская битва – их флот против нашего. Вы поможете нам **сбежать** от них?

Вдали слышался **шум** битвы и выстрелы **пушек**.

Николай сказал:

—Как вы хотите, чтобы мы вам помогли?

—Вы знаете, что произойдёт. Вы же живёте в **будущем**.

—Нет-нет! Мы не знаем, что произойдёт. Часы – это просто легенда в нашем времени!

Франк **погрустнел**.

–**Каждый,** кто дотронется до часов, путешествует с ними. Эрик просто **с ума сходит** по этим часам. Он пытается заполучить помощь из будущего, но **безуспешно**.

–И что вы предлагаете сделать? – спросила Татьяна.

–**Вы должны украсть** часы у нашего капитана.

–Когда?

–Завтра. Завтра **будет** большое сражение. Эрик Кракен **пошлёт** много кораблей на битву. Вы должны взять часы, исчезнуть с ними и никогда не **возвращаться** сюда.

Франк пошёл к шатру Эрика, и оба они присели у **костра**.

–Я всего-навсего часовщик –сказал Николай, – как я украду часы у такого могущественного пирата?

–Нам нужно придумать **способ** сделать это.

–У меня есть идея!

Приложение к главе 2

Краткое содержание

Николай и Татьяна говорят с Эриком Кракеном. Это пират из XVII века. У него есть часы, которые переносят его в наше время. С их помощью они отправляются в прошлое, в XVII век. Франк, пират, с которым они знакомятся на Карибском море, говорит, что эти часы просто не дают Эрику Кракену спокойно жить. Он предлагает Николаю и Татьяне украсть часы у Эрика.

Словарь

- **сказки** = tales
- **правда** = truth
- **карман** = pocket
- **сделал** = made, manufactured
- **нашёл** = found
- **сокровище** = treasure
- **охранял** = keeping
- **работает** = works
- **иногда** = from time to time
- **дома** = buildings
- **летающие машины** = flying machines

- **сумасшедший** = crazy
- **сильно** = strongly
- **несколько веков назад** = hundred of years ago
- **задумалась** = thoughtful, thinking
- **вдруг** = all of a sudden
- **смуглая кожа** = brown/dark skin
- **капитан** = captain
- **смущены** = confused
- **послушайте** = listen
- **Позвольте представить вам ...** = I'll introduce you
- **понял** = realised
- **друзья** = friends
- **почувствовать странное** = alarmed
- **привыкли** = were used to
- **в этот раз** = this time
- **гости** = guests
- **сражение** = battle
- **шатёр** = tent
- **берег** = shore
- **полон** = filled with
- **в отчаянии** = desperate, hopeless
- **любой ценой** = at all costs
- **сбежать** = escape
- **шум** = noise
- **пушки** = cannons
- **будущее** = future

155

- **погрустнел** = was saddened
- **каждый** = anyone
- **с ума сходит** = obsessed
- **вы должны украсть** = you have to steal
- **будет** = there will be…
- **пошлёт** = he's going to send
- **возвращаться** = return
- **костер** = campfire
- **способ** = way

Вопросы с вариантами ответов

Выберите один верный, по вашему мнению, ответ на каждый вопрос

6. Крепкого мужчину зовут...

    а. Николай

    б. Эрик

    в. Франк

7. Какова волшебная сила часов?

    а. Путешествовать между двумя эпохами

    б. Путешествовать только в XVII век

    в. Путешествовать только в XXI век

8. С кем Эрик совершает очередное путешествие во времени?

    а. С Николаем

    б. С Татьяной

    в. С Николаем и Татьяной

    г. Один

9. Эрик хочет...

    а. помощи против испанских кораблей

    б. скрыться от испанских кораблей

    в. остаться жить с Николаем и Татьяной

10. Франк говорит Николаю и Татьяне, чтобы они...

      а. возвращались в свою эпоху

      б. украли часы

      в. помогли в битве против испанского флота

      г. были как можно дальше от Эрика

Ответы к главе 2

6. б
7. б
8. в
9. а
10. б

Глава 3. Кража

Николай и Татьяна поднялись на борт корабля Эрика Кракена. Это был большой, очень большой корабль. С правого и левого борта у него было множество пушек. Франк был **вторым капитаном,** и они всегда путешествовали по морю вместе.

На корабле было много кают, **трюмов** и снаряжения.

Эрик Кракен встал за **штурвал.**

Франк **показал** корабль Николаю и Татьяне.

—Как вам нравится эта **красота?**

Татьяна много читала. У Николая было много книг, но он не читал столько, сколько Татьяна.

—Ничего себе! Я на настоящем пиратском корабле. Невероятно! —сказала она.

Франк засмеялся. У него были немного **тёмные** зубы.

—Мы этот корабль видим каждый день.

Они поднялись **на верхнюю палубу**. Корабль отчалил и направился к месту битвы с испанским флотом. Ветер был прохладный, день **безоблачный**. Было только видно синеву Карибского моря и пляж, где был разбит **лагерь** пиратов.

Эрик Кракен был недалеко от Николая, Татьяны и Франка.

Франк спросил:

—Ну как мы будем это делать?

Николай ответил ему:

—Минуточку, минуточку. Почему Эрик хочет, чтобы Татьяна и я были вместе с ним на корабле? Мы же ведь в сражениях ничего не понимаем! Я никогда не учился этому делу! И она тоже!

—Я уже вам говорил. Он сумасшедший. Часы – это его наваждение. Он думает, что **каким-то образом** вы ему поможете выиграть сражение.

Эрик смотрел на них сверху. Он пристально смотрел в упор на наших друзей, и его взгляд ничего не говорил.

—Честное слово –сказал Франк,– я не знаю, что думает Эрик.

—Почему ты так говоришь? –ответила Татьяна.

—Посмотрите на **море**.

Они посмотрели на **море**. Вода голубая, небо без **облаков**. Они **насчитали** около 10 пиратских **кораблей**. **Самый большой из них** принадлежит Эрику.

—Видишь? У нас 10 кораблей.

Татьяна поняла, что хотел сказать Франк.

—У вас всего 10 кораблей, а у испанцев гораздо больше, правда?

—Да.

—На сколько?

—На 30 кораблей.

Николай закричал:

—Их целых тридцать! А нас всего 10! Вы с ума сошли!

—Именно поэтому этим сражениям надо **положить конец**. Вы должны украсть часы у Эрика. Он с ума сходит по этим часам, и не может победить в битве.

—Что вы хотите, чтобы мы сделали?

Франк посмотрел на Николая и спросил:

—Ты часовщик, правда?

—Да.

—Ты должен сказать Эрику, что тебе нужны его часы для подготовки к битве. **Может**, это сработает.

—И как я это сделаю?

—Я не знаю! Но ты должен это сделать!

Время истекало. Испанские корабли показались на **горизонте**.

Николай сомневался, но потом направился к Эрику. Эрик говорил со своими подчинёнными. Он рассказывал о том, как сражаться, какую **тактику** применять и какие планы имелись для битвы.

Эрик увидел, что Николай смотрит на него.

—Что ты хочешь, Николай? У тебя уже есть идея, как нам выиграть битву?

—Да, да..... уже есть. Приходи, и я тебе расскажу.

Пират-здоровяк и Николай шли в некотором отдалении от всех. Николай и Татьяна решили **обмануть** пирата.

—Эрик, ты знаешь, что я часовщик. Мне нужно посмотреть твои часы.

Лицо пирата **полностью** изменилось.

—Зачем они тебе нужны?

—Если ты мне дашь их починить, мы можем выиграть сражение.

—Как?

Николай не знал, что сказать. Он усиленно думал, и наконец, **быстро нашёл** ответ.

—Я думаю, что я уже знаю, как они работают —соврал он.

—И что с этого?

—Если ты мне дашь их посмотреть, я могу их переделать. Например, чтобы эти часы переносили нас в другое место, далеко отсюда. Поэтому нам не придётся сражаться.

Испанские корабли подплыли на более близкое расстояние и **начали пальбу** из пушек. Пиратские корабли защищались и также стреляли из пушек. Николай и Эрик **шатались** от усталости.

Эрик крикнул своим пиратам:

—Вперёд! **Продолжайте стрелять**! Мы не можем проиграть!

Николаю нужны эти часы. Без них он не сможет вернуться в Москву. Ни он сам, ни Татьяна.

—Послушай! —сказал Николай.

Пушки с испанских кораблей палили **с ещё большей силой**.

—Дай мне посмотреть часы! Так мы сможем выиграть сражение!

Пират посмотрел на него, но часы не дал.

Вдруг выстрел из пушки попал в штурвал, и Эрик упал на **деревянный** пол. Николай **воспользовался моментом** и стянул часы с Эрика. Он выбежал бегом.

Эрик заметил его.

—Стой, вор!

Николай бросил часы Татьяне, и она подхватила их в воздухе. Николай побежал к ней, и Франк увидел это.

Испанские пушки опять начали стрелять, и Эрик **навалился** на Татьяну. Франк попытался задержать Татьяну. В конце концов, все четверо дотронулись до часов. Часы пришли в действие и перенесли их в XXI век. Все четверо оказались **без сознания**.

Несколько часов спустя, Эрик Кракен, Николай, Татьяна и Франк проснулись в московском парке. Эрик **проснулся самым первым**. Он взял часы и попытался вернуться в свою эпоху, но уже не смог. Часы были **сломаны**.

—Что ты наделал, Николай? Что ты наделал?

Проснулись все остальные.

Франк посмотрел на парк, **город** и людей. Он в первый раз в своей жизни был в Москве. Пока Эрик Кракен плакал, он сказал Николаю:

—Это Карибское море в будущем?

—Ну как вам сказать... — ответил Николай, — до Карибского моря нам немного **далековато**.

Эрик подошёл ко всем трем и спросил:

—Что будем делать сейчас?

Все молчали, и тогда Николай сказал:

—Приходи в мою мастерскую. Я попытаюсь починить часы, но только **при одном условии**.

—Какое это условие?

—Я хочу, чтобы ты рассказал мне самую увлекательную историю о пиратах, какую ты только знаешь.

Приложение к главе 3

Краткое содержание

Эрик Кракен сражается против испанских кораблей. Франк говорит Николаю, что часы у Эрика нужно как можно скорее украсть. Николай не знает что ответить. Испанцы стреляют из пушек. Начинается сражение, и все четверо дерутся. Все они прикасаются к часам и отправляются в XXI век. Они в Москве, Николай говорит, что починит часы Эрика, но только при одном условии: чтобы ему рассказали увлекательную историю о пиратах.

Словарь

- **второй капитан** = second in command
- **трюмы** = cabins
- **штурвал** = rudder
- **показал** = showed them
- **красота** = preciousness, beauty
- **тёмные** = dirty, dark
- **верхняя палуба** = (right) at the top
- **безоблачный** = no clouds

- **лагерь** = camp
- **каким-то образом** = in some ways
- **море** = sea
- **насчитали** = counted
- **самый большой корабль** = the biggest ship, boat
- **положить конец** = put an end to this
- **Может** = maybe
- **горизонт** = horizon
- **тактика** = tactic
- **обмануть** = cheat
- **полностью** = completely
- **нашёл** = invented
- **быстро** = quickly
- **И что с этого?** = So what?
- **начали пальбу** = opened fire
- **шатались** = staggered
- **продолжайте стрелять** = keep shooting, firing
- **с ещё большей силой** = even stronger
- **деревянный** = made of wood
- **воспользовался моментом** = took advantage of the moment
- **вор** = thief
- **навалился** = leap on, jump on
- **без сознания** = unconscious
- **проснуться** = wake up

- **сломались** = broken
- **город** = city
- **относительно** = relatively
- **но при одном условии** = but with one condition

Вопросы с вариантами ответов
Выберите один верный, по вашему мнению,
ответ на каждый вопрос

11. Пират Франк – это ...
   а. двоюродный брат Эрика
   б. сын Эрика
   в. второй капитан
   г. никто особенный

12. Франк говорит Николаю, что он должен...
   а. сражаться
   б. украсть часы
   в. уехать с Татьяной
   г. поехать в Москву

13. Что происходит, когда Николай говорит с Эриком?
   а. Эрик дает ему часы
   б. Эрик не дает ему часы

14. Кто переносится в Москву:
   а. Николай и Татьяна
   б. Эрик и Николай
   в. Эрик и Франк
   г. Все

15. Николай починит часы Эрика только при одном условии:
   а. он хочет вернуться на Карибское море

б. от хочет, чтобы Эрик рассказал ему историю о пиратах

в. он хочет свой собственный корабль

г. он хочет, чтобы Татьяна ему помогла

Ответы к главе 3

11. c
12. b
13. b
14. d
15. b

5. Чемоданчик

Глава 1. Числа

Однажды, жил-был в России человек. Он был очень **старый**. Он прожил уже много **десятков лет** и был очень **мудрым**. Старика звали Артур.

Артур путешествовал **один** по России. Он никогда не оставался в одном и том же месте надолго. Он **накопил** денег и тратил их в разных городах. Он ел где придётся и спал где придётся. Почему? У него была одна цель.

Однажды, Артур приехал в Москву. Он уже много дней не **брился**. На Тверской улице в Москве было много народу, и все прохожие глядели на него. Его **одежда** была необычной и **странной**.

Артур пришёл в Парк Культуры – это большой парк в Москве, где много деревьев и есть озеро, где можно покататься на **лодке** и приятно **провести день**. Здесь всегда много людей: пары, семьи, молодёжь...

Старик подошёл к одному человеку, который читал **газету**. Человек сидел, спокойно **прислонившись** к дереву. Артур сел **рядом с ним**:

–Добрый день, – сказал Артур.

–Здравствуйте... – недоверчиво ответил человек, который читал газету.

–Как дела, Давид?

Давид удивился. Откуда он знал его имя?

–Вы сказали Давид?

–Да, именно так.

–Откуда вы знаете моё имя?

–Я не могу вам сказать.

Давид отложил газету и посмотрел на Артура. Он **внимательно** на него смотрел, но не мог догадаться, кто это, не узнавал. Даже без его **длинной бороды** он бы не узнал его.

–Что вы хотите от меня? – спросил Давид.

– Я не хочу вам **мешать** или мучить старческими байками, но я хочу рассказать вам кое-что.

– Хорошо.

Артур вынул из своего кармана фотографию. На этой фотографии был старый **чемодан**, покрытый **пылью**. Он был очень старый, и казалось, внутри него хранится что-то **ценное**.

—Что это? – спросил Давид.

—Вы не знаете, что это?

—Похоже на чемодан, но я его никогда в жизни раньше не видел.

—Посмотрите на эти **цифры**.

На сундуке был номер, но на нём не хватало трёх цифр.

—Не хватает трёх цифр –сказал Давид.

—Точно, мне нужны эти три цифры, чтобы прийти к моей цели.

—Какой цели?

—Этого я тоже не могу вам сказать.

Давид не понимал, что человек хочет от него. Как он мог сказать ему цифры, которых не знал?

—Наверняка у вас есть одна из этих цифр.

—Я не знаю, о чём вы говорите, Артур.

—Подумайте. У вас должна быть какая-нибудь старая вещь с номером.

—Подождите, как раз вспомнил ... Пойдёмте со мной.

Давид и Артур вышли из Парка Культуры. Они вернулись по **широкой улице** и сели на автобус до Тверской улицы.

Пока они шагали среди толпы, Давид сказал Артуру:

—Сколько времени вы уже в Москве, Артур?

—Два месяца.

—И вам нравится?

—Да. Здесь много людей и много интересных мест.

Давид и Артур пришли к **подвалу** одного здания. Это здание находилось за Тверской улицей. В этом **подвале** Давид хранил многие вещи из своего прошлого. **Игрушки** с тех пор, когда он был ещё совсем маленьким, университетские **конспекты**, старые фотографии...

—Что мы здесь ищем? – спросил Артур.

—Я думаю, что у меня было что-то, что вам нужно.

—Цифра?

—Да, цифра. Я сейчас найду.

В течение получаса Давид занимался поисками. Артур попытался помочь ему, но тот сказал:

—**Садитесь**, не волнуйтесь. Я найду.

Наконец, через час он нашёл то, что искал.

—Смотрите, Артур. Я нашёл.

—Что вы нашли?

Артур поднялся со стула и сказал:

—Откуда вы знаете, что я ищу именно это?

—Точно не знаю, но оно хранится у меня уже много лет.

Давид **развернул платок**, полный **пыли**. В нём было **золотое ожерелье** с рисунком. Рисунок был странный, и в центре него была цифра.

Давид сказал Артуру:

—Я не знаю почему, но когда вы заговорили про цифры, я сразу об этом вспомнил.

—Кто вам дал это **ожерелье**?

—Я точно не знаю. Я думаю, что оно у меня с тех пор, **когда я был маленьким**.

Артур открыл дверь, чтобы выйти из подвала, и Давид спросил его:

—Куда вы?

—Здесь нам уже больше делать нечего. Запомните этот номер.

—Подождите!

Артур скрылся за дверью, Давид хотел его догнать. Но когда он **снова** открыл дверь, Артура уже не было. Он вернулся на Тверскую улицу и оттуда на метро, а потом на поезде доехал в аэропорт. Его следующим пунктом назначения был город Сочи, на Чёрном море.

Артур купил билет в аэропорту и сел в самолёт. Через несколько часов он уже был в Сочи. Там было много туристов и людей, приезжающих по работе. Город был полон народу, и Артур слегка растерялся. Потом он заказал такси и сказал шофёру **адрес**. Немного позже он приехал к большому дому.

Дом казался очень **дорогим**: наверное, принадлежал какому-нибудь богачу. У дома был очень большой сад, в нём несколько слуг и **садовников** ухаживали за деревьями и **цветами**. По двору бегали собаки. Артур долго думал и разглядывал дом, а затем наконец решился и позвонил в дверь.

Приложение к главе 1

Краткое содержание

Артур был старым человеком, у которого была цель. Он носил с собой фотографию старого пыльного чемоданчика. Ему нужно было узнать три цифры, и он искал людей, которые эти цифры знали. Первым был Давид, мужчина, который читал газету в Москве. У Давида был номер на старом ожерелье, которое было у него с детства. После этого Артур поехал в Сочи.

Словарь

- **чемоданчик** = chest
- **старый** = old
- **десятки лет** = decades
- **мудрый** = wise
- **один** = alone
- **накопил** = saved
- **брился** = shaved
- **одежда** = clothes
- **странный** = odd, peculiar
- **лодки** = boats
- **провести день** = spend the afternoon

- **газета** = newspaper
- **прислонившись** = leaning against
- **рядом с ним** = by his side
- **внимательно** = carefully
- **длинная борода** = long beard
- **мешать** = bother, disturb
- **пыль** = dust
- **ценное** = valuable
- **цифры** = numbers
- **как раз вспомнил** = now you say it
- **пойдёмте со мной** = come with me
- **широкая улица** = wide street
- **подвал** = basement storage
- **игрушки** = toys
- **конспекты** = notes
- **садись** = sit down
- **развернул** = unwrapped
- **платок** = scarf
- **ожерелье** = necklace
- **золотое** = made of gold
- **когда я был маленьким** = when I was young
- **снова** = again
- **адрес** = address
- **дорогой** = expensive
- **садовники** = gardeners
- **цветы** = flowers

Вопросы с вариантами ответов
Выберите один верный, по вашему мнению, ответ на каждый вопрос.

1. Артур был...
   - а. молодым человеком
   - б. человеком средних лет
   - в. пожилым человеком
   - г. Неизвестно

2. Что было на фотографии у Артура?
   - а. Чемоданчик
   - б. Подвал
   - в. Ожерелье
   - г. Город

3. Где Артур подошёл к Давиду и заговорил с ним в первый раз?
   - а. На Тверской улице
   - б. В Парке Культуры
   - в. В аэропорту
   - г. В подвале

4. Куда привёл/привёз Артура Давид?
   - а. В аэропорт
   - б. К такси
   - в. В Сочи
   - г. В подвал

5. Куда поехал Артур после разговора с Давидом?
   - а. В Москву

б. В Испанию
в. В Сочи
г. В Петербург

Ответы к главе 1

1. в
2. а
3. б
4. г
5. в

Глава 2. Сочи

Звонок зазвонил. Артур подождал, не откликнется ли кто.

–Есть кто-нибудь дома?

Никто не ответил.

Старик остался ждать, присев на скамейку рядом с домом. Похоже, никто не собирался открывать дверь. Он вынул из кармана свою фотографию и посмотрел на неё. Он улыбнулся. Это был чемоданчик. Он опять спрятал фотографию в карман пиджака.

Артур **услышал звук приближающейся машины**. Это был **дорогой кабриолет** с открытым верхом. За рулём была женщина. На ней были **солнечные очки,** и она не видела Артура.

Женщина открыла дверь дома **дистанционным пультом,** и по-прежнему не видела Артура.

–Подождите!–сказал он.

Женщина увидела Артура и остановила машину. Дверь **по-прежнему была открыта**.

–Кто вы? – спросила она.

–Вы можете выйти **на минутку** из машины?

Женщина посмотрела на него и вышла из машины. **Дворецкий** большого дома подошёл и сказал женщине:

–Госпожа Горячева, вы желаете, чтобы я отвёз вашу машину на **стоянку**?

–Да, Василий, спасибо.

Василий был **дворецкий**. Артур это понял.

–Госпожа Людмила Горячева, не так ли? – сказал он.

–Да, это я.

–**Я пришёл по** очень важному делу.

–Что это за **важное дело**? **Что бы это ни было,** пойдёмте со мной. Заходите в дом.

Артур прошёл за женщиной в дом. **Сад** был очень большой, **огромный**. Дом у женщины был поистине **роскошный**.

–Это всё ваше? – спросил Артур.

–Да. Когда мне было 25 лет, я создала свою **компанию**, и **дела пошли хорошо**.

–Понимаю, много работы.

–Очень много. Проходите сюда.

Артур и Людмила поднялись по лестнице в дом и пришли к главной двери. Главная дверь была деревянная, очень **красивая**. Она была в **старинном стиле**.

–Этот дом старый?

Людмила улыбнулась.

—Нет, не старый. Но он построен в стиле старинного.

Дворецкий Василий прошёл за ними внутрь дома. Он нёс **поднос** с **чаем** и **печеньем**.

—Сударь... —сказал Василий.

—Артур, пожалуйста.

—Артур, что пожелаете?

—**Чаю**, пожалуйста.

Людмила сняла жакет. В Сочи **было очень жарко**.

Василий снова обратился к Артуру:

—**Позвольте Ваш пиджак**.

Артур снял пиджак и отдал его **дворецкому**. Тот вышел из зала и вернулся с чашкой **чая** для Артура. Затем он оставил Артура и Людмилу одних.

Людмила села на диван, и Артур вместе с ней. Они посмотрели друг на друга.

—Добро пожаловать в мой дом, Артур. Что вам угодно?

Артур отпил немного **чая** и поставил чашку на столик.

—Мне нужно знать одну цифру.

Так же, как и Давид, Людмила удивилась.

—Цифру?

—Да, цифру.

—Какую-то конкретную цифру?

—Вспомните.

Людмила попыталась вспомнить. Она попыталась понять, что говорит Артур, но, **в отличие от** Давида, ничего не вспомнила.

—Я не знаю, о чём вы говорите. Пожалуйста, не могли бы вы объяснить получше ...

Артур посмотрел **вокруг**. Зал был очень большой. Наверняка он найдёт второй номер где-то здесь. Конечно же, фотография!

—Вы можете позвать дворецкого и попросить его принести мой пиджак? —сказал Артур.

—Конечно.

Несколько секунд спустя, Василий появился с пиджаком Артура. Артур взял пиджак, и **дворецкий** снова удалился.

Артур поискал в карманах пиджака. В пиджаке было много карманов, и фотографию чемодана было **трудно** найти. Людмила стала **терять терпение**.

—Вот! Наконец нашёл!

Артур вынул фотографию чемодана и положил её на стол. Людмила взяла фотографию в руки и посмотрела на неё. И тогда она **что-то вспомнила**.

—Я не знаю почему... Но я кое о чём вспомнила.

—Думайте, Людмила, думайте.

Людмила поднялась с дивана, и Артур улыбнулся. Он был на правильном пути.

—Идите за мной, Артур. Я не знаю, кто вы и чего вы хотите, но вы заставили меня кое о чём вспомнить.

Оба вышли из главного дома и вошли в небольшой домик, расположенный рядом. В нём было много **статуй**, **произведений искусства** и других вещей. Это было похоже на маленький **частный музей**.

Людмила открыла маленькую **коробочку** и достала из неё ожерелье, такое же, как и у Давида. Очень старое и грязное, но на нём до сих пор можно было разобрать номер.

Артур посмотрел на цифру на ожерелье.

—Это всё, что мне надо было знать.

—Я по-прежнему ничего не понимаю, Артур. Что вам нужно? Чемодан на фотографии заставил меня вспомнить об этом ожерелье, но я не знаю почему.

—Мне нужно идти, Людмила, пожалуйста, не спрашивайте больше ни о чём.

Артур вышел из дома Людмилы в сопровождении **дворецкого** Василия.

—До свидания, Людмила!

Она не попрощалась. Она не поняла, зачем приходил Артур. Она не очень доверяла всей этой истории, и решила больше об этом не думать.

Артур **снял** в отеле номер **с видами на море**. Он спал в ту ночь, **наслаждаясь** солнцем и лёгким ветром Чёрного моря. Ему предстояло увидеть ещё одного человека. Он жил в городе Петербурге, на **севере** России.

Приложение к главе 2

Краткое содержание

Артур едет в Сочи, чтобы повидаться с одной женщиной. Женщину зовут Людмила, и она миллионер. У неё большой дом. Она приглашает Артура в свой дом. Так же, как и Давид, она вспоминает о номере на старом ожерелье. После того, как он узнал второй номер, Артур прощается. Ему ещё надо повидаться с третьим человеком в Петербурге.

Словарь

- **звонок** = doorbell
- **старик** = old man
- **услышал звук приближающейся машины** = he heard a car approaching
- **кабриолет** = convertible
- **солнечные очки** = sunglasses
- **дистанционный пульт** = remote control
- **по-прежнему не видела** = (she) still didn't see
- **по-прежнему была открыта** = remained open

- **на минутку** = for a moment
- **дворецкий** = butler
- **стоянка** = parking
- **Я пришёл по** = I come for/to
- **важное дело** = important matter
- **что бы это ни было** = in any case
- **сад** = garden
- **огромный** = huge
- **роскошный** = splendid, luxurious
- **компания** = company
- **дела пошли хорошо** = I've been doing well
- **красивая** = nice, lovely, pretty
- **стиль** = design
- **старинный** = old
- **поднос** = tray
- **чай** = tea
- **печенье** = pastries
- **было очень жарко** = it was very hot
- **позвольте Ваш пиджак** = let me take your jacket
- **в отличие от** = in contrast to...
- **я не знаю, о чём вы говорите** = I don't know what you mean
- **вокруг** = around
- **трудно** = hard, difficult
- **стала терять терпение** = (she) was becoming impatient

191

- **что-то вспомнила** = (she) remembered something
- **статуи** = statues
- **произведения искусства** = works of art
- **частный музей** = private museum
- **коробочка** = small box
- **снял** = rented
- **с видами на море** = with sea views
- **наслаждаясь** = enjoying
- **север** = north

Вопросы с вариантами ответов
Выберите один верный, по вашему мнению,
ответ на каждый вопрос.

6. Дом Людмилы был...
   - а. большой
   - б. маленький
   - в. среднего размера
   - г. неизвестно

7. Как звали дворецкого?
   - а. Давид
   - б. Артур
   - в. Николай
   - г. ни одно из перечисленных

8. Людмила вспомнила что-то, связанное с цифрой, когда...
   - а. Артур сказал ей про цифру
   - б. Артур показал ей фотографию чемодана
   - в. Артур рассказал ей про чемодан
   - г. Артур рассказал ей про ожерелье

9. После прощания с Людмилой, Артур...
   - а. едет в Петербург
   - б. едет в Москву
   - в. снимает номер в отеле в Сочи
   - г. ни одно из перечисленных

10. Где живёт третий человек, у которого есть третья цифра?
   а. Москва
   б. Сочи
   в. Петербург
   г. ни одно из перечисленных

Ответы к главе 2

6. а
7. г
8. б
9. в
10. в

Глава 3. Ответ

Артур поехал в Петербург. Он **полетел** на самолёте из Сочи. **Рейс** был с **пересадкой** в Москве, а затем летел в Петербург. В аэропорту он купил еды **в дорогу** и отправился в Петербург.

Когда он прилетел в Петербург, как всегда, он **вызвал такси**. Шофёр был очень любезным и отвёз его прямо в центр Петербурга. Там они проехали рядом с Эрмитажем и восхитились красотой этого музея. Артур спросил шофёра:

—**Вы когда-нибудь были** внутри Эрмитажа?

—Да, месяц назад я ходил туда с семьёй.

—И вам понравилось?

—Да, он очень красивый внутри. В основном мне понравилось, но в некоторых залах **картины** было очень странными на мой вкус.

—Странными?

—Да, это очень современное **искусство**. Мне больше нравится **традиционное искусство**.

Они ещё немного поговорили с шофёром и приехали в центр Петербурга. Артур заплатил за поездку. Он спросил таксиста:

−Сколько с меня?

−450 рублей, пожалуйста.

−**Вот, возьмите**.

Артур дал ему деньги, закрыл дверь такси и вышел в центре Петербурга. Это был очень красивый город. **С годами** он стал ещё лучше. Много лет назад город был не таким зелёным, как сейчас. Теперь здесь было больше парков и садов.

Он не знал, как искать третьего человека. Он спросил у прохожего на улице:

−Извините. **Как мне добраться вот сюда?**

Артур показал ему схему. На схеме была пристань, а рядом обозначен дом.

Прохожий любезно помог ему и рассказал, как добраться.

−Спасибо! Вы мне очень помогли!

−**Не за что**.

Артур шёл пешком полчаса. Он не стал ехать на такси. Он хотел идти пешком. Он уже устал от транспорта. Он хотел прогуляться, это было **полезно** и приятно.

Наконец он пришёл к маленькому деревянному дому. Рядом с домом была пристань с **лодками**. **Лодки** не принадлежали владельцу дома, но он **отвечал за их прокат**.

Артур **разулся** и пошёл по **песку**, и дошёл до маленького дома.

—Надеюсь, что в этот раз кто-нибудь дома есть! —сказал он, вспомнив Людмилу в Сочи.

Он позвонил в дверь один раз. Потом позвонил второй, и ему открыли. Это был пожилой человек, как и он, но без бороды. У него на лице было много **морщин**.

—Здравствуйте! —сказал **хозяин, – чем могу Вам помочь?**

—Меня зовут Артур. Я хочу с Вами поговорить.

—Никакого «Вы»! **Давай на «ты»,** пожалуйста.

—Хорошо... Я хочу с тобой поговорить.

—Проходи, Артур.

Артур удивился. Хозяин дома был очень любезным. Он был одет в **простую** одежду **рыбака**. В доме пахло **рыбой** и было много разных **принадлежностей для рыбной ловли**. Также здесь были книги, в которых **наверняка** он **вёл учёт** денег, которые брал за прокат лодок.

–Говори. – сказал он.

Артур обратил внимание на его **кольцо**. На **кольце** был номер. Он засмеялся.

–Что такое, Артур?

–Я думал, что это будет труднее.

–Что?

–Это кольцо... Кто тебе его дал?

–Это чей-то подарок, много лет назад, уже не помню. Мне кажется, его переделали из ожерелья.

Артур посмотрел на номер, который был на кольце. Теперь у него был третий номер. Теперь у него было все три номера, и он мог уходить. Но он не хотел уходить. Он хотел ещё поговорить с **рыбаком**.

–Как тебя зовут? – спросил Артур.

–Меня зовут Афанасий.

–Афанасий... Это старинное русское имя, правда?

–Да.

Артур решил говорить напрямую, **без обиняков**.

— Афанасий, **я объясню тебе**, что происходит. У меня есть чемоданчик. Вот фотография.

Он достал фотографию чемоданчика и показал Афанасию.

—Чтобы открыть чемодан, нужен код из трёх цифр, и эти цифры находятся у трёх разных людей.

Афанасий спросил:

—А что там внутри?

—Пока я не могу тебе сказать.

—Потому что одна из цифр у меня?

Артур не стал больше ничего объяснять. У него была другая цель.

—Афанасий, возьми это **письмо** и прочитай его. У двух других людей тоже есть это письмо. Все эти письма **одинаковые**. Мне нужно идти. **Поверь мне**, и до скорого!

Артур вышел из рыбацкого домика. Хозяин прочитал письмо:

«Здравствуйте,

*Это письмо предназначено тем трём людям, у которых есть три цифры. Эти цифры открывают один чемоданчик, который находится в Петербурге. Я хочу, чтобы через три дня вы **собрались** по* этому **адресу** и открыли чемодан кодом из ваших цифр.

Больше я вам ничего не могу рассказать. **Совсем немного — и вы узнаете**, кто я. Но не сегодня. Удачи!

С уважением,
Артур»

Несколько дней спустя Давид, Людмила и Афанасий **встретились** в Петербурге по **адресу**, который был указан в **письме**.

—Здравствуйте, —сказал Давид двум остальным.

—Здравствуйте, —сказали Людмила и Афанасий.

Все три замолчали на несколько **секунд**, и наконец Давид сказал:

—Что мы здесь делаем?

—Вы все читали **письмо**? —спросила Людмила.

—Да —ответили они.

—Давайте откроем чемодан —сказали они все вместе.

Они набрали свои цифры на замке, и чемодан открылся. Внутри него была **бумага**.

Афанасий засмеялся:

—Ха-ха-ха! Столько мороки из-за одного листа **бумаги**! Надеюсь, что это банковский **чек**!

—Кто-нибудь хочет прочитать, что там написано? —сказала Людмила.

—**Я прочту**, —сказал Давид.

Давид взял **бумагу** из чемодана и стал читать вслух:

«*Меня зовут Анна, и я должна попросить у вас прощения. Я знаю, что сейчас меня с вами нет. И много лет назад меня с вами не было. Мне пришлось уйти из дома из-за разных проблем и из-за работы. Я попросила своего брата Артура, чтобы он собрал вас всех здесь...* »

У Давида **задрожали руки**.

—Продолжай читать —сказала Людмила.

«*Давид, Людмила, Афанасий. Вы трое – братья и сестра. Я ваша мать. Мать, которая не смогла за вами ухаживать, когда вы были маленькими. Это я **подарила** вам ожерелья. И я думаю... думаю.. что теперь я готова. Я хочу попросить у вас прощения.*»

Давид, Людмила и Афанасий посмотрели друг на друга. Они увидели сзади чей-то силуэт. Они обернулись и увидели Анну.

–Здравствуйте, **дети**.

Приложение к главе 3

Краткое содержание

Артур едет в Петербург. Он садится на самолёт с пересадкой в Москве. В Петербурге он знакомится с шофёром такси. Он говорит с шофёром о том, как изменился Петербург. Он находит третьего человека, его зовут Афанасий. Он получает третью цифру. Он отправляет письма Давиду, Людмиле и Афанасию. В чемодане было письмо от их матери. Они трое были братья и сестра.

Словарь

- **ответ** = answer
- **рейс** = flight
- **пересадка** = layover, stop
- **в дорогу** = for the journey
- **вызвал такси** = requested a taxi
- **вы когда-нибудь были...** = Have you ever been...?
- **искусство, картины** = art
- **традиционное** = traditional
- **возьмите** = take
- **с годами** = over the years

- **Как мне добраться вот сюда?** = How can I go here?
- **прохожий** = pedestrian
- **не за что** = you're welcome
- **полезно** = healthy
- **пристань** = port, dock
- **лодки** = ships, boats
- **отвечал за прокат** = managed the rentals
- **разулся** = took off his shoes
- **песок** = sand
- **морщины** = wrinkles
- **хозяин** = host
- **Чем могу вам помочь?** = What can I do for you?
- **давай на «ты»** = speak in an informal way
- **простая** = simple
- **рыбак** = fisherman
- **рыба** = fish
- **принадлежности для рыбной ловли** = fisheries instruments
- **наверняка** = certainly
- **вёл учет** = maintained the accounts
- **кольцо** = ring
- **без обиняков** = not pulling your punches
- **я объясню тебе** = I'll explain (to you)

- **письмо** = letter
- **одинаковый** = identical
- **поверь мне** = trust in me
- **собраться** = meet
- **адрес** = location, position
- **совсем немного — и** = shortly
- **вы узнаете** = you'll know
- **встретились** = they met
- **секунды** = seconds
- **бумага** = paper
- **чек** = check
- **я прочту** = I'll read it
- **задрожали руки** = his hands were shaking
- **подарила** = gave (gift)
- **дети** = my children

Вопросы с вариантами ответов
Выберите один верный, по вашему мнению,
ответ на каждый вопрос.

11. Куда Артур отправился в поездку?
        а. В Москву
        б. В Петербург
        в. В Отрадное
        г. ни одно из перечисленных

12. О чём разговаривал Артур с таксистом?
        а. О семье таксиста
        б. О семье Артура
        в. Об Эрмитаже
        г. О еде

13. Где жил Афанасий, третий человек?
        а. На горе
        б. В городе
        в. В деревне
        г. У пристани

14. Что было в чемоданчике?
        а. Письмо
        б. Чек
        в. Карта
        г. ни одно из перечисленного

15. Давид, Людмила и Афанасий – это...
        а. двоюродные братья и сестра
        б. братья и сестра
        в. друзья

г. ни одно из перечисленного

Ответы к главе 3

11. б
12. в
13. г
14. а
15. б

6. Дракон Ферг

Глава 1. Трактир

Жил-был однажды ... дракон в **башне**. Это была очень высокая **башня**, в ней было очень много **окон** и комнат. Хотя её и называли **башней**, это был почти целый город.

Что было особенного в этой **башне**? Никто туда не ходил. **Никто не осмеливался**. Почему? Что-то злое обитало в этой **башне**. По крайней мере, люди думали, что оно **злое**.

Внутри **башни** жило огромное **существо**. Оно было **летающее**, кожа его была покрыта **чешуёй**, а из его пасти **вырывался огонь**. Этим **огнём** оно могло **сжигать** целые города. Это был дракон. Его звали Ферг.

Жители города поблизости рассказывали в трактирах много историй. В трактирах собиралось много жителей города, чтобы отдохнуть и утолить жажду. Многие проводили там больше времени, чем у себя дома. Они любили истории о драконах и старинных временах.

Однажды трактирщик рассказывал Джошу, **постоянному клиенту**:

—Да-да! Я его видел! Это был огромный дракон! Огромная **чешуя**! Воздух **нагревался**, когда он летел! Я его видел однажды, когда **путешествовал**.

Джош смеялся, отпивая глоток пива.

—ХА! Это всё враньё! Ты никогда не видел Ферга!

—Нет, я его видел! Я его видел ещё до того, как люди начали называть его Фергом.

—Ты **врун**. Налей-ка мне лучше ещё пива.

Трактирщик наполнил кружку из большого кувшина. Джош взял кружку и **сделал глоток**. Он выпил почти всё пиво одним глотком.

Трактирщик сказал:

—А ты, Джош? Ты видел Ферга?

—Я нет! Но я и не говорю, что я его видел!

—Ха!

Трактирщик развёл руками и пошёл обслуживать других **горожан**, которые спешили **утолить жажду**. Джош остался один у **барной стойки** трактира. Он пил своё пиво и постепенно засыпал. Вдруг послышался ужасный гром, и весь трактир **затрясло**.

Горожане стали беспокоиться.
–Что это было?
–Весь трактир задрожал!
–Осторожно!

Послышалось громкое **рычание,** и трактир опять **задрожал.** Над ними пролетал дракон Ферг. Стекла в окнах разбились, а также несколько кувшинов пива.
Трактирщик сказал всем:
–Пойдёмте! **Выходите отсюда!**

Никто не двигался.
–Вы что, **глухие? Выходите отсюда!** –повторил он.

–Выходите, выходите... –передразнил его Джош, допивая своё пиво, – да никто даже с места не сдвинется.

На улице был слышен шум **крыльев** дракона, и людям стало страшно.
Таверна погрузилась в тишину.

–А теперь кто-нибудь меня послушает?
Горожане посмотрели на Джоша.

Он поставил свою кружку с пивом на стойку и поднялся. Он встал посреди трактира и начал **рассказывать** свои приключения.

–**Никто мне не верит**! Но я знал этого дракона!

Обычно над ним все смеялись, но в этот раз люди были напуганы. Шум на улице был устрашающим. Дракон летал над городом туда и обратно, но, похоже, не делал больше ничего страшного.

Один горожанин сказал:
–Ах так? Ну почему ты тогда не выйдешь и не прогонишь его?

Джош посмотрел на него и ответил:
–Ты уйдёшь из города, если я тебя об этом попрошу?

Страх у людей начал потихоньку проходить, и они начали смеяться. Джош **воспользовался моментом**, чтобы объяснить.
–Я раньше был имперским стражником. Один раз нас послали к **башне** недалеко отсюда. Это была очень высокая **башня**. Она была похожа на город в **руинах**. Внутри мы обнаружили дракона. Никто не умер, и я смог с ним поговорить.

—Неправда! —сказал трактирщик.
—Правда! —сказал Джош.
—Неправда!

Джош не обращал внимания на трактирщика.
—Я выйду на улицу! —сказал он, показывая на дверь трактира. — Кто-нибудь хочет пойти со мной?

Никто ничего не сказал ... прошло **несколько секунд**. Затем трактирщик заговорил:
—Хватит глупостей! Я пойду с тобой. **Терпеть не могу** твоё враньё.
—Хорошо. Пойдём со мной. Ещё кто-нибудь пойдёт с нами?

Все молчали. Никто не двигался. Таверна погрузилась в молчание, а дракон по-прежнему летал в небе. Каждый раз, когда он пролетал над таверной, стены дрожали от взмахов его крыльев.

Трактирщик посмотрел на посетителей:
—Чтобы никто не брал пива, **не заплатив**!

Джош сказал:
—Какой ты **жадный**!
—Пойдём уже.

Трактирщик и Джош вышли на улицу. Горожане бегали из **стороны** в **сторону**. Дети были напуганы и плакали, мужчины хватались за **щиты**, чтобы защитить свои семьи.

Джош попытался успокоить людей:
—Не бойтесь! Ферг **безобидный**!

Но никто ему не верил. Люди очень боялись дракона. Истории, которые они слышали о нём, были **ужасными**. Говорили, что **башня**, где он живёт, раньше была городом. Таким же, как и их город. Говорили, что если рассердить дракона, то он **сделает из** их города свой новый дом.

Джош увидел, как дракон опять пролетел над городом.

—**Лук**! Кто-нибудь может дать мне свой **лук**?

Одна женщина подошла к нему и дала ему **лук**.

—Ты его убьёшь? —спросила она у Джоша.

—Нет. Чтобы убить его, не хватит и 100 **луков**. Его **чешуя** очень прочная.

—А для чего тебе тогда **лук**?

—А вот для чего.

Джош взял **лук** и выстрелил **стрелу** в воздух, пока дракон летал. Дракон не остановился.

—Я выстрелю ещё раз —сказал он.

Он опять взял **лук** и выстрелил рядом с драконом. Дракон заметил стрелу и **приземлился** на площади города.

—ДЖОООООШШШШШШ...? —сказал дракон.

Трактирщик испугался.

—Этот голос... Чей это голос ...? Это голос ...?

—Да, это Ферг, и он меня зовёт.

Приложение к главе 1

Краткое содержание

Ферг – это дракон, который живёт в очень высокой и большой башне. Жители соседнего города очень боялись этого дракона. О нём рассказывали ужасные вещи. Джош сказал трактирщику города, что он знает дракона. Трактирщик не верил ему до тех пор, пока Ферг не приземлился на площади города и не позвал Джоша.

Словарь

- **жил-был однажды** = once upon a time there was
- **башня** = tower
- **окна** = windows
- **никто не осмеливался** = no one dared
- **злое** = evil
- **существо** = creature
- **летающее** = flying
- **чешуя** = flakes
- **вырывался огонь** = fire came out
- **сжигать** = burn
- **жители** = villagers

- **постоянный клиент** = regular customer
- **нагревался** = heated, warmed
- **путешествовал** = go on a trip, travel (past)
- **врун** = liar
- **сделал глоток** = (he) swallowed
- **горожане** = villagers
- **утолить жажду** = quench thirst
- **барная стойка** = bar (of the tavern)
- **затрясло** = trembled
- **Осторожно!** = Look out!
- **задрожал** = shook
- **рычание** = roar, howl
- **Выходите отсюда!** = Get out of here!
- **глухие** = deaf
- **крылья** = wings
- **рассказывать** = narrate
- **никто мне не верит** = nobody believes me
- **воспользовался моментом** = used the opportunity
- **руины** = ruins
- **я выйду на улицу** = I'm going out there
- **несколько секунд** = for a few seconds

- **Хватит глупостей!** = Enough nonsense!
- **терпеть не могу** = I can't stand
- **не заплатив** = without paying
- **жадный** = miserly, mean
- **сторона** = side, place
- **щиты** = shields
- **безобидный** = inoffensive, harmless
- **сделает из** = would transform
- **лук** = bow
- **стрела** = arrow
- **приземлился** = landed

Вопросы с вариантами ответов
Выберите один верный, по вашему мнению,
ответ на каждый вопрос.

1. Где жил дракон?
    - а. В деревне
    - б. В городе
    - в. На горе
    - г. В башне

2. Люди думали, что дракон был...
    - а. хороший
    - б. злой
    - в. неизвестно

3. Джош рассказывал трактирщику, что он...
    - а. убил одного дракона
    - б. убил двух драконов
    - в. знал Ферга
    - г. знал другого дракона

4. Трактирщик назвал Джоша...
    - а. вруном
    - б. героем
    - в. глупцом
    - г. ни одно из перечисленных

5. Что произошло, когда Ферг появился в городе?
    - а. Джош сразился с ним
    - б. Трактирщик сразился с ним

в. Джош пошёл на него посмотреть

г. Трактирщик и Джош пошли на него посмотреть

Ответы к главе 1

1. г
2. б
3. в
4. а
5. г

Глава 2. Кузнец

Джош подошёл к дракону **небольшими шагами**. Дракон был действительно огромный. Трактирщик был очень напуган и не осмеливался приблизиться.

—Ты что, правда подойдёшь к дракону? Он **опасный**! —сказал он Джошу.

—Он не **опасный**. Я его знаю.

—Я всё ещё не верю!

—Сейчас увидишь.

Люди бежали по городу. Дети плакали всё громче, целые семьи **бежали** из города. Когда люди видели дракона, они начинали кричать. Ферг ничего не делал. Он просто **тихо сидел** на городской площади. Он смотрел на людей с любопытством.

Когда Ферг повернул голову, он увидел Джоша, который приближался к нему вместе с трактирщиком.

Крылья Ферга сильно задвигались, создавая сильный **ветер**. Этот **ветер** развеял **волосы** обоих мужчин. Джош понял, что дракон его **узнал**.

—Джош! —сказал дракон громким **басом**.

—Привет, Ферг.

—Ты знаешь, что я не люблю, когда меня так называют.

Трактирщик посмотрел на Джоша и сказал ему:

—Он тебя знает!

—Конечно, он меня знает. Я тебе сто раз говорил.

—Ничего себе... Так значит, это правда... А почему он не любит, когда его называют Ферг? Разве его не так зовут?

—**Не совсем**.

Дракон подвинул одну из своих огромных лап вперед и наклонил свою голову ближе к трактирщику. Тот испугался: его словно **парализовало** от страха.

—Что он делает...? —спросил он у Джоша.

—Он тебя рассматривает ... Это очень любопытный дракон.

—Он меня съест?

—Нет! Он не ест людей!

Ферг открыл рот, чтобы сказать что-то. У него **изо рта очень плохо пахло**. Трактирщик **скривил лицо**. Дракон спросил:

—Ты кто?

–Я... я... –бормотал трактирщик, но не мог произнести ничего внятного.

Джош заговорил с Фергом.
–Это трактирщик нашего города.
–Трактирщик   ... –сказал дракон удивленно, – кто такой трактирщик?
–Тот, кто **подаёт** людям еду и питьё.
–Значит, это хороший человек!

Дракон опять зашевелил крыльями, и снова подул **ветер**.
Трактирщик сказал:
–Он не такой злой, как кажется! **Я ему нравлюсь**!

Джош снова заговорил с драконом:
–Почему ты сюда прилетел? Ты никогда не хотел побывать в моём городе.
–Я знаю, но **мне надо кое о чём вас предупредить**.

Трактирщик снова спросил Джоша:
–Почему ему не нравится, когда его называют Ферг?
–Ферг – это имя, которое дали ему люди. Это не его настоящее имя. **Дай мне поговорить с ним немного**. Иди обратно в трактир.

Трактирщик вернулся бегом по улице обратно в трактир. Он вошёл в трактир, закрыл за собой дверь и **запер её на ключ**.

—О чём ты хотел нас **предупредить**?

—Сюда летит ещё один дракон.

—Ещё один? Есть ещё драконы, такие как ты?

—Да, есть. Но мы не очень **часто** встречаемся в природе. Нас очень мало. И в **мире** почти не осталось драконов.

—И почему ты нас об этом предупреждаешь?

Дракон посмотрел на небо, словно искал что-то. Может, он искал другого дракона?

—Он может прилететь в любой момент. Это не хороший, это злой дракон. Я не хочу, чтобы он навредил **невинным** людям.

—И что ты будешь делать?

—Я буду сражаться с ним, если понадобится.

—Ты знаешь этого дракона?

—Да. Он старше и больше меня.

Джош задумался. Дракон ещё больше Ферга, который и так огромный. Раньше он думал, что есть только один дракон. Джош сказал ему:

—А **что ты от нас хочешь**?

—Мне нужно, чтобы ваш **кузнец изготовил оружие**.

—Оружие, говоришь?

—Да. Я знаю, из каких **материалов**. Но **нам нужно убедить** кузнеца, чтобы он нам помог. А это трудно. Я не нравлюсь людям. Не понимаю почему.

Джош приблизился ещё немного к дракону и сел на **краю колодца**.

—Они думают, что драконы разрушают города. Существуют легенды. В легендах говорится об ужасных и злых вещах. Люди читают эти легенды и думают, что все драконы злые.

—Но это неправда. Почему они думают, что я злой, если они меня не знают?

—Люди – мы такие. **Недоверчивые**.

Дракон зарычал. Из его пасти вырвалось немного огня.

—Ты мне поможешь, Джош?

—Кузнец живёт на **холме**. Лети туда. Я сейчас туда приду.

Без предупреждения дракон схватил Джоша одной лапой и вместе с ним полетел на холм, где живёт кузнец.

—Стой! Стой! **Отпусти меня!** – закричал Джош, но земля оставалась всё дальше и дальше внизу.

—Не бойся, Джош. Так мы быстрее доберёмся.

Кузнец жил на холме. Он много работал, и когда Джош с драконом прилетели к нему, он **ковал меч**. Кузнец увидел дракона и ничуть не удивился. Джошу это показалось странным.

Дракон остановился рядом с кузнецом и опустил Джоша на землю. Джош сказал кузнецу:
—Здравствуй, Мартин.
—Здравствуй, Джош.
—Я не уверен, видишь ли ты, но здесь дракон...
—Я знаю, мне что, надо испугаться?

Ферг сказал:
—Человек, который меня не боится!
—Конечно, я тебя не боюсь. Я знаю, что ты не **опасный**. Мой отец мне про тебя рассказывал.
—Твой отец?
—Он знал тебя много лет назад.

Джош сказал **кузнецу** Мартину:
—Мартин, мне нужно, чтобы ты **изготовил** одну вещь.
—Для чего?
—Это оружие, чтобы убить дракона.

—Чтобы убить дракона? Я не хочу убивать драконов!

—Мартин, есть ещё один дракон, и он злой. Если он прилетит в город, он его разрушит.

—Откуда ты знаешь?

—Ферг мне сказал.

Дракон снова зарычал. Ему не нравилось это имя.

Мартин посмотрел на дракона, а потом на Джоша.

—Хорошо. Из каких **материалов**?

Дракон объяснил ему, что нужно **изготовить**.

—У меня есть все **материалы,** – сказал Мартин, – но мне не хватает только одного: красного **железа**.

—Что такое красное **железо**? – спросил Джош.

—Это очень **ценный** материал. Он есть только у **мэра** города. Тебе нужно поговорить с ним.

Приложение к главе 2

Краткое содержание

Джош и трактирщик пошли разговаривать с драконом Фергом. Ферг рассказал им, что есть ещё один дракон, злой. Злой дракон собирался прилететь в город, и Ферг собрался защищать его жителей. Джош и дракон попросили у Мартина, кузнеца, чтобы он изготовил оружие, чтобы помочь дракону защитить город.

Словарь

- **небольшими шагами** = step by step
- **опасный** = dangerous
- **бежали** = escaped
- **тихо сидел** = sat still
- **ветер** = stream of air
- **волосы** = hair
- **узнал** = recognised
- **бас** = very deep voice
- **не совсем** = not at all
- **парализовало** = paralysed
- **изо рта очень плохо пахло** = very bad breath

- **скривил лицо** = pull a disgusted face
- **я ему нравлюсь** = he likes me
- **подаёт** = serves
- **мне надо кое о чём вас предупредить** = I need to warn you about something
- **дай мне поговорить с ним немного** = let me talk to him for a while
- **запер на ключ** = lock (the door)
- **предупреждение** = warning
- **часто** = usually, frequently
- **мир** = world
- **искать** = search
- **невинный** = innocent
- **что ты от нас хочешь?** = What do you want from us?
- **кузнец** = blacksmith
- **изготовить** = manufacture, make
- **оружие** = weapon
- **материалы** = materials
- **край** = edge
- **колодец** = well
- **недоверчивые** = mistrustful
- **холм** = hill
- **отпусти меня** = let me free
- **ковал** = was forging
- **меч** = sword

231

- **железо** = iron
- **ценный** = valuable, precious
- **мэр** = mayor

Выберите один верный, по вашему мнению,
ответ на каждый вопрос.

6. О чём предупредил дракон?

      а. О природной катастрофе

      б. О злом человеке

      в. О злом драконе

      г. ни одно из перечисленного

7. Дракон хотел...

      а. изготовить лук

      б. изготовить оружие

      в. изготовить чешую дракона

      г. ни одно из перечисленного

8. Джош сказал дракону, что...

      а. им нужно поговорить с мэром

      б. им нужно поговорить со злым драконом

      в. им нужно вернуться в трактир

      г. им нужно пойти к кузнецу

9. Кузнец...

      а. не испугался, увидев дракона

      б. испугался дракона

      в. попытался убить дракона

      г. ни одно из перечисленного

10. Что нужно было кузнецу?

      а. Красное железо

      б. Чёрное железо

в. Жёлтое железо
г. Ничего, у него всё было

Ответы к главе 2

6. в
7. б
8. г
9. а
10. а

Глава 3. Красный кинжал

Мэр обедал в **городской управе**. **Городская управа** была очень большим и примечательным зданием, со множеством **украшений**. Здесь на мэра работало множество **подчинённых**.

Джош решил идти к мэру после того, как поговорил с кузнецом. Ему нужно было красное железо, чтобы изготовить оружие.

Когда Джош **уже вот-вот был готов** открыть дверь **городской управы**, его позвал трактирщик:

–Джош!

–Здравствуй ещё раз, – ответил Джош.

–Ты поговорил с драконом?

–Да, мы поговорили.

Джош не знал, рассказать ли ему, что Ферг предупредил его о другом, злом, драконе. Жителям города драконы не нравились. Он не мог сказать всему городу, что есть ещё злой дракон.

–И что он тебе сказал? – спросил трактирщик.

–Я тебе кое-что скажу, только ты никому не говори.

–Говори, Джош.

–Ты уже видел, что Ферг – это добрый дракон. Но есть ещё один дракон – злой.

–Злой дракон?

–Да, пожалуйста, не говори никому, иначе в городе **начнётся паника**.

–Понятно. Я пойду в трактир. До свидания, Джош. Потом ещё поговорим.

Джош открыл дверь **городской управы** и попросил у охранника увидеться с мэром.

–Это **очень важное дело** – сказал он.

Охранник отвёл Джоша в **палаты** мэра. Тот сидел за столом, поедая **куриную ногу.**

–Что тебе нужно? –спросил мэр.

–Я хочу поговорить с Вами, господин мэр.

–**Давай скорей**, я **занят**.

Джош не стал **бродить вокруг да около**, и рассказал ему историю Ферга и историю о злом драконе.

–Мне нужно красное железо, чтобы изготовить оружие и помочь Фергу.

–Тебе нужно красное железо? Оно очень **дорогое**! Не доверяю я этому дракону!

–Он хороший!

–**Я не верю!**

У Джоша **не было другого выхода**. За **спиной** у него был лук. Это был тот же самый лук, который он использовал, чтобы вызвать Ферга в первый раз. Он взял лук и выпустил в окно стрелу.

Ферг появился на **крыше** городской управы и **просунул голову** в окно. Стекла разбились.
—Красное железо, пожалуйста.

Джош засмеялся и сказал мэру:
—**Дай ему, что он просит**.

Мэр принёс небольшое **количество** красного железа и дал его дракону.
—Ты за это заплатишь, Джош!
Дракон улетел с железом к кузнецу Мартину, чтобы тот изготовил оружие. Джош убежал из городской управы и из города. За ним **гнались** стражники.

Ферг взял оружие, которое сделал Мартин. Это был красный **кинжал**. Мартин сказал:
—Дракон, **осторожно** с этим оружием.
—Спасибо... кузнец.

В **небе** появился злой дракон. Он был **в два раза больше**, чем Ферг.
—Вперёд, дракон, – сказал ему Мартин.

Ферг полетел на злого дракона. **Сначала** злой дракон не знал, был ли Ферг друг или **враг**, но когда увидел красный **кинжал**, попытался его **выхватить**.

Ферг **сражался** против злого дракона. Их битва длилась долго, и наконец Ферг смог **вонзить** красный **кинжал** в **тело** злого дракона. Злой дракон **упал** в **лес** недалеко от города.

К несчастью, Ферг тоже погиб в этой схватке. Ещё много лет поблизости никто не видел никаких драконов. Красный **кинжал** исчез из **тела** злого дракона. Его взял Джош. Он сказал:

—Наконец-то красный **кинжал** попал в мои руки.

Это и был план Джоша с самого начала. Джош был старым охранником императора. В столице империи, очень далеко от этого города, искали красное железо уже много лет, но не знали, как его найти. С красным железом можно было изготовить **самое мощное оружие**, например, **такое мощное, как** красный кинжал.

Джош покинул город и поехал в столицу империи. Там он вручил красный **кинжал императору,** и тот сказал ему:

—Ты очень хорошо послужил мне, Джош.

—Спасибо, **император**.

—Скажи, оба дракона **мёртвы**?

—Да, оба мёртвы.

—Кто-нибудь **подозревает** тебя?

—Я так не думаю.

Тогда **император** сказал:

—Ты выполнил свою миссию, Джош. Вот, возьми золото, которое я тебе обещал. **Можешь идти**.

Джош почувствовал **укол совести** за то, что он сделал Фергу. На самом деле, он **полюбил** этого дракона. По его щеке прокатилась **слеза**, когда он вышел из города, чтобы никогда туда не вернуться.

Приложение к главе 3

Краткое содержание

Джош идет к мэру, чтобы попросить у него красного железа для того, чтобы изготовить оружие. Мэр не хочет давать ему красное железо, и Джош вызывает Ферга. Ферг берёт красное железо, чтобы кузнец Мартин смог сделать красный кинжал. Ферг борется со злым драконом, и оба умирают. Джош вручает красный кинжал императору. Его план с самого начала был достать красное железо для императора.

Словарь

- **кинжал** = dagger
- **городская управа** = town hall
- **украшения** = ornaments
- **подчиненные** = subjects
- **вот-вот был готов** = was about to...
- **начнётся паника** = panic will spread
- **очень важное дело** = very important matter
- **палаты** = chambers
- **куриную ногу** = chicken thigh

- **давай скорей** = be quick
- **занят** = busy
- **бродить вокруг да около** = beat around the bush
- **дорогое** = expensive
- **я не верю** = I don't believe that
- **не было другого выхода** = had no other option
- **спина** = back
- **крыша** = roof
- **просунул голову** = appeared
- **дай ему, что он просит** = give him what he is asking for
- **количество** = amount
- **гнались** = chase
- **осторожно** = be careful
- **небо** = sky
- **в два раза больше** = twice as big (as)
- **сначала** = at first
- **враг** = enemy
- **выхватить** = steal it
- **сражался** = fought
- **вонзить** = stab
- **тело** = body
- **к несчастью** = unfortunately
- **такое мощное, как** = as powerful as
- **император** = the emperor

- **мертвы** = dead
- **подозревать** = suspect
- **золото** = gold
- **можешь идти** = you can go
- **укол** = stabbing pain
- **совесть** = conscience
- **полюбил** = grow fond of
- **слеза** = tear

Вопросы с вариантами ответов
Выберите один верный, по вашему мнению,
ответ на каждый вопрос.

11. Куда пошёл Джош, чтобы встретиться с
    мэром?

    а. В городскую управу

    б. В лес

    в. В столицу

    г. К кузнецу

12. Перед тем, как идти к мэру, Джош
    разговаривает с...

    а. Мартином

    б. Фергом

    в. злым драконом

    г. трактирщиком

13. Мэр...

    а. помог Джошу

    б. не помог Джошу

    в. помог Джошу при одном
    условии

    г. ни одно из перечисленного

14. Что изготовил кузнец?

    а. Красный лук

    б. Красный кинжал

    в. Красный меч

    г. Красную стрелу

15. Каков был план Джоша с самого начала?

        а. Убить Ферга

        б. Убить драконов

        в. Достать красное железо для императора

        г. Ни одно из перечисленного

Ответы к главе 3

11. а
12. г
13. б
14. б
15. в

7. Неизвестные земли

Глава 1. Новые земли

Много столетий назад жил-был один народ. Этот народ назывался викинги. Викинги жили на севере Европы. Их земли были холодными и **давали мало урожая**. **Говорят, отчасти** поэтому викинги начали искать новые земли.

В городе под названием Асглор был один юноша, не старше двадцати лет, которого звали Торик. Торик был очень сильный и **отважный**, очень **зрелый** для своего возраста человек. Он был **очень высокий**, у него были тёмные длинные волосы, нос с горбинкой, большой рот, сильные руки и ноги.

Однажды Торик возвращался, как всегда, с **охоты**, и разговорился с Нильсом. Нильс проводил очень много времени за пределами города Асглора. Он занимался поиском новых плодородных земель для **посадки зерна**.

В городе Асглоре было очень тихо. Было ещё очень раннее утро. Солнце светило

247

слабым светом. Нильс увидел, как Торик возвращается с охоты. Он помахал ему рукой в знак приветствия.

–Торик!

–Здравствуй, Нильс. Ты ещё в городе?

–Да, молодой человек. Я останусь здесь ещё два дня.

–Куда ты потом пойдёшь?

–Я не знаю, но вождь Эскол говорит, что это очень **далёкие** земли.

Торик уважал вождя Эскола. Это был очень высокий, крупный мужчина, с самыми длинными волосами, какие он когда-либо видел, и с огромными **мускулами**. Его голос был очень грозным. Торик уважал Эскола, но считал, что иногда Эскол был слишком **строгим** и даже жестоким. Но Торик **был уверен**, что **на самом деле** он был хороший и простой человек.

–У вождя Эскола новые планы? – спросил Торик.

–Да. Он не сказал какие. Только сказал, что **в этот раз** нужно ехать очень далеко, чтобы открывать новые земли.

Вождь Эскол часто **посылал экспедиции**, чтобы исследовать земли за пределами города. Город был маленький, **у подножья гор** и маленькой реки, которая вела к морю. Зимой, когда животных было **мало**, еды **не хватало**. Вождь Эскол хотел найти новые земли, чтобы **сеять** на них зерно.

–Я хочу, чтобы у нас больше не было проблем с едой, – сказал Торик Нильсу.

–Я тоже. Моим детям нужно лучше питаться. Я не могу постоянно кормить их одним **мясом**.

Торик не был знаком с детьми Нильса, но знал, кто они. Иногда они принимали участие в **экспедициях**.

–Нильс, **я пойду, посмотрю, может ли моя семья** продать мясо животных, которых я убил на охоте сегодня.

–Хорошо.

Торик вернулся домой и поговорил со своим отцом и сестрой. Они были **крестьяне. Они зарабатывали на жизнь, выращивая зерно** на тех небольших участках земли, где было можно, и продавали мясо животных, которых приносил Торик с охоты.

В ту ночь он плохо спал. Он много думал. Что хотел вождь Эскол? Почему такая секретность? Что это за новая **экспедиция** в таинственные края?

Два дня спустя Торик возвращался с охоты. **С каждым днём** в горах было **всё меньше животных**. Приближалась зима, и было всё труднее находить **большую добычу**. Когда Торик возвращался с охоты, он опять повстречал Нильса. На этот раз Нильс был взволнованным.

—Торик! Иди сюда, скорее!

—Что случилось, Нильс? К чему такая спешка?

—Вождь Эскол созвал всех жителей города.

—Он скажет, какие у него планы?

—Наверняка! Пойдём! **Оставь это дома** и пойдём!

Торик пошёл домой, чтобы отнести домой животных, которых он убил на охоте. Дома никого не было. Они уже ушли на всеобщее **собрание** к вождю Эсколу. Нильс подождал возле дома, не придут ли они.

—Моей семьи нет дома —сказал Торик. — Они в Большом Зале.

Большой Зал был в доме вождя Эскола. Он жил там со своей женой и четырьмя детьми. Здесь же жило несколько человек **прислуги** и работники, которые помогали Эсколу **управлять городом**.

Большой Зал был большим деревянным домом с богатыми украшениями и статуями **богов**, которым **молились** викинги. Внутри Большого Зала также проводились **собрания**. Когда была какая-нибудь тема, о которой нужно было рассказать всему городу, вождь Эскол собирал всех здесь. **Так было и в этот раз**.

Торик и Нильс вошли в Большой Зал. Здесь было много народу и было очень жарко. Даже не было похоже, что на дворе зима. Все жители города собрались там в ожидании новостей. Вождя Эскола ещё не было, но на троне уже сидела его жена. Их четверо детей, три мальчика и девочка, играли в углу зала.

Вождь Эскол появился, и все замолчали. Это был очень **внушительный** человек, но он любил свой город, **несмотря на** свою строгость.

Он начал говорить:

–Дорогие жители Асглора! Вот уже много зим у нас не хватает еды. Той еды, которая у нас есть, на зиму нам недостаточно. Поэтому мы с исследователями новых земель **приняли решение**.

Жители города начали перешёптываться.

251

–**Мы поплывём на кораблях** на запад. Здесь поблизости уже не осталось **плодородных** земель, но они есть за **морем**.

Нильс сказал:

–Но вождь, откуда мы знаем, есть ли земли за морем на западе?

–Мы знаем.

–Откуда? Никто из нас их не видел.

Вождь Эскол посмотрел на своих подданных, у которых были **озабоченные** лица. Наконец он сказал:

–Один человек, викинг, который был там, сказал мне это. Он путешествовал на запад и нашёл там землю. Когда он вернулся в Асглор, он умер, но до своей **смерти** он успел рассказать мне эту историю.

Люди по-прежнему глядели на Эскола **озабоченно**.

–Дорогие жители Асглора, я знаю, что это небольшая надежда, но нам нужно **рискнуть**. Мы отправляемся **через месяц**.

Приложение к главе 1

Краткое содержание

Торик – это викинг-охотник. Он живёт в городе Асглоре, у подножья гор, на берегу реки, которая ведёт к морю. Городом Асглором управляет вождь Эскол. Нильс – это главный исследователь новых земель. Нильс знает Торика уже давно. Эскол собирает всех жителей города, чтобы объявить, что он отправит морскую экспедицию на поиск новых земель на западе.

Словарь

- **давали мало урожая** = were not very fertile
- **говорят** = it is said
- **отчасти** = in part, partly
- **отважный** = brave
- **зрелый** = mature
- **очень высокий** = very tall
- **охота** = hunt
- **посадка зерна** = cultivating
- **слабым светом** = with weak light
- **далёкие** = distant, far
- **мускулы** = muscles

253

- **строгий** = strict
- **был уверен** = (he) was sure
- **на самом деле** = in essence
- **в этот раз** = this time
- **посылал экспедиции** = sent patrols
- **у подножья гор** = next to the mountains
- **не хватало** = was in short supply
- **мало** = too little (quantity), in shortage
- **мясо** = meat
- **экспедиция** = expedition
- **посмотрю, может ли моя семья ...** = I'm going to see if my family...
- **крестьяне** = farmers
- **зарабатывали на жизнь** = (they) made a living
- **выращивая зерно** = farming
- **с каждым днем** = each time
- **всё меньше животных** = fewer animals
- **большая добыча** = big preys
- **оставь это дома** = leave that at home
- **собрание** = talk, meeting
- **прислуги** = servants
- **управлять городом** = manage the village

- **боги** = gods
- **молились** = prayed
- **так было и в этот раз** = and so he did this time
- **внушительный** = commanding (respect)
- **несмотря на** = despite the...
- **приняли решение** = we've come to a decision
- **мы поплывём на кораблях** = we'll going to sail
- **плодородные** = prosperous
- **море** = sea
- **озабоченно** = with concern, worry
- **рискнуть** = take risks
- **через месяц** = within one month

Вопросы с вариантами ответов
Выберите один верный, по вашему мнению,
ответ на каждый вопрос.

1. Торик – это...
    а. исследователь
    б. охотник
    в. вождь
    г. крестьянин

2. Нильс – это...
    а. исследователь новых земель
    б. охотник
    в. вождь
    г. крестьянин

3. Где расположен город Асглор?
    а. Рядом с пустыней
    б. Рядом с морем
    в. Рядом с горами
    г. Посреди моря

4. Эскол – это ...
    а. вождь-исследователь
    б. священник
    в. крестьянин
    г. вождь племени

5. Что хочет сделать Эскол?
    а. Путешествовать на восток
    б. Путешествовать на север
    в. Путешествовать на юг

г. Путешествовать на запад

Ответы к главе 1

1. б
2. а
3. в
4. г
5. г

Глава 2. Море

Прошёл один месяц. Этот месяц **казался очень долгим**, потому что жители Асглора знали, что приближается зима. Они хотели, чтобы **продуктов** хватало на всех и никто не голодал. Корабли были почти **готовы**.

Нильс руководил **строительством** кораблей в лесу недалеко от города. Этот лес был близко от моря. Вождь Эскол **время от времени** приезжал сюда, чтобы посмотреть, как продвигается работа.

–Скажи мне, Нильс, –сказал Эскол, – когда мы сможем **отплыть** на кораблях? Я вижу, что некоторые уже спущены на воду, но нам нужно **отплывать** как можно скорее.

–Я не знаю, вождь, может, через неделю, а может и раньше.

–Всего одна неделя? Это отлично!

–Да, **древесина** хорошая и **строители** очень **умелые**.

Вождь Эскол собрал всех жителей города ещё раз в Большом Зале, чтобы решить, кто поедет в экспедицию. В кораблях было место только для 75 человек. Один за одним добровольцы **поднимали руки**.

Большинство из них были **воины**. У **воинов** была очень хорошая подготовка.

Но Торик тоже хотел ехать. Он был хорошим охотником, и убедил вождя Эскола взять его с собой:

– Мы не знаем, какая в новых землях будет еда. Нам нужны будут охотники, и я буду охотиться для вас, когда мы будем в далёких краях, – сказал он вождю.

– Хорошо, Торик. Ты поедешь с нами.

Торик был **взволнован с того момента**. Он с нетерпением ждал, когда же **отплывут** корабли и экспедиция отправится к далёким землям.

Когда пришёл день отплытия, Нильс, Торик и вождь Эскол вместе с остальными викингами сели на корабли. Они помолились богам, прежде чем подняться на борт кораблей, и попрощались со своими семьями и всеми жителями города. Во время отсутствия Эскола управлять городом будет его жена.

Несколько дней спустя они уже были в пути на запад. Три корабля были отличные, и все были довольны. Дни шли один за другим **без перемен**.

Через две недели корабли плыли уже в открытом море, земли не было видно. Была видна только вода. Даже **птиц** не было видно. Некоторые викинги начали задавать вопросы вождю Эсколу.

—Вождь Эскол, а ты уверен, что на западе есть земля?

—Я абсолютно уверен.

—А что случится, если мы не найдём землю?

Вождь Эскол сердито закричал:

—**Мы найдём землю!** Это ясно?

—Но... но...

—**Прочь с глаз моих.**

Он был хорошим вождём, но со вспыльчивым **характером**, и ему не нравилось, когда задают вопросы. Он командовал всем и ему не нравилось, когда спрашивают слишком много. Он сказал всем викингам на корабле:

— На западе есть земля! Я это точно знаю!

Остальные викинги ничего больше не стали спрашивать и продолжали **грести вёслами**.

В тот же день внезапно начался дождь, и море начало **штормить**. Корабли с трудом продвигались вперёд. Море было очень

суровым. Капитаны трёх кораблей пытались **держаться близко друг от друга**, и им это удалось. Но дождь и шторм заставили корабли **поменять курс**.

Прошло несколько дней. Однажды, пока все спали, Торик что-то увидел на **небе**. Сначала он **подумал, что это ему снится**, но потом хорошенько протер глаза.

Он отыскал Нильса **в темноте** и разбудил его:

—Нильс, проснись! Нам нужно предупредить вождя Эскола!

—Что случилось? — спросил исследователь, не открывая глаз.

—На небе **птицы**!

—Ну и что?

—Это значит, что рядом земля!

Нильс открыл глаза и увидел, как Торик **показывает** на небо. Он тоже увидел **птиц**.

—О мои боги! Это правда!

Нильс встал и пошёл к вождю. Торик пошёл вместе с ним.

—Вождь Эскол, проснись!

Вождь Эскол проснулся сразу же, и на его **лице** не было ни капельки сна.

—Нильс? Торик? Что случилось?

—На небе летают **птицы**! —сказал Торик. — Земля близко!

Вождь Эскол **быстро поднялся** и закричал капитанам всех трёх кораблей:

—Гребите! Быстрее! Разбудите всех! Земля близко!

Они стали грести **изо всех сил** и наконец увидели землю.

Торик и Нильс улыбнулись. Вождь Эскол улыбнулся. Обычно он никогда не улыбался.

Вождь Эскол приказал кораблям причалить на ближайшем **пляже**. **Пляж** был большой, здесь было много деревьев, и недалеко были **холмы**. Это было очень красивое место.

Викинги вышли с кораблей на берег и ступили на песок.

Торик сказал Нильсу:

—Нильс, что это за земля?

—Я не знаю, Торик, но она не похожа ни на одно другое место, **которое я видел**.

—Нам нужно узнать, что дальше, за пляжем.

—Я полностью согласен.

Торик и Нильс поговорили с вождём Эсколом и **организовали маленькие группы**.

Вождь Эскол сказал:

—Нам нужна еда. Из запасов **у нас почти ничего не осталось**. Нужно охотиться.

Торик и Нильс пошли на охоту вместе, но животные здесь были совсем другие. Они таких никогда не видели. Их мясо **на вкус было другое**. Даже некоторые деревья были незнакомыми.

Вечером на пляже вождь Эскол обратился к викингам:

—У нас уже есть еда, а теперь нам нужно исследовать эту местность. **Нам нужно знать, пригодна** ли эта земля, чтобы **выращивать урожай**. Если её можно использовать, то мы позовём ещё викингов.

Один из викингов сказал:

—Откуда мы знаем, где мы находимся? Шторм отклонил нас **далеко от нашего курса**.

Вождь Эскол несколько минут молчал. Это был один из редких случаев, когда у него не было ответа. Он так ничего и не ответил. Он казался **неуверенным** и даже **растерянным**. Наконец он произнёс:

—Нам нужно исследовать эту местность. **Начнём завтра на рассвете**.

Приложение к главе 2

Краткое содержание

Викинги построили корабли, чтобы поплыть на запад. Корабли были очень хорошие. Торик и Нильс тоже поехали в экспедицию вместе с вождём Эсколом. Во время плавания начался шторм, и корабли отклонились от курса. Наконец они увидели землю и спустились на берег. Здесь они нашли незнакомые деревья и странных животных.

Словарь

- **земли** = lands
- **неизвестные** = unknown
- **прошёл** = passed (time)
- **казался очень долгим** = became very long
- **продукты** = the food
- **готовы** = finished
- **строительство** = the building
- **время от времени** = from time to time
- **отплыть** = sail
- **древесина** = wood

- **строители** = builders
- **умелые** = skilful
- **поднимали руки** = raised their hands
- **воины** = warriors
- **взволнован** = excited
- **с того момента** = since then
- **без перемен** = with no changes
- **через две недели** = two weeks later
- **птицы** = birds
- **мы найдём землю** = we're going to find land
- **прочь с глаз моих** = move out of my sight
- **характер** = character
- **грести вёслами** = row, paddle
- **штормить** = shake
- **суровое** = wild
- **держаться близко друг от друга** = keep together
- **поменять курс** = change course
- **небо** = sky
- **подумал, что это ему снится** = he thought he was dreaming
- **в темноте** = through the darkness
- **показывает** = (he) points
- **лицо** = face
- **быстро поднялся** = got up quickly
- **изо всех сил** = with all strength

- **пляж** = beach
- **холмы** = hills
- **которое я видел** = that I could recall
- **организовали маленькие группы** = organised small groups
- **у нас почти ничего не осталось** = there's barely enough
- **на вкус было другое** = tasted different
- **Нам нужно знать** = we have to know
- **пригодна** = appropiate
- **выращивать урожай** = cultivate
- **далеко от нашего курса** = far from our course
- **неуверенный** = confused
- **растерянный** = lost
- **рассвет** = dawn
- **начнём** = we'll begin

Вопросы с вариантами ответов

Выберите один верный, по вашему мнению, ответ на каждый вопрос.

6. Сколько викингов было в экспедиции?
    - а. 50 викингов
    - б. 60 викингов
    - в. 75 викингов
    - г. 85 викингов

7. Сколько кораблей было в экспедиции?
    - а. 2 корабля
    - б. 3 корабля
    - в. 4 корабля
    - г. 5 кораблей

8. Когда вождь Эскол уехал, кто стал управлять городом?
    - а. Нильс
    - б. Торик
    - в. Жена Эскола
    - г. Другой исследователь

9. Что произошло во время плавания?
    - а. Они встретили пиратов
    - б. Произошёл бунт
    - в. Они встретили незнакомых викингов
    - г. Начался шторм

10. Пляж показался героям странным, потому что...

а. там были неизвестные деревья и животные

б. там были другие викинги

в. там не было еды

г. там было очень жарко

Ответы к главе 2

6. в
7. б
8. в
9. г
10. а

Глава 3. Решение

Все викинги проснулись на рассвете и **позавтракали**. У них ещё сохранилась кое-какая **провизия** из путешествия и мясо странных животных, принесённых с охоты. Торик проснулся и пошёл к вождю Эсколу.

–Здравствуй, вождь.
–Здравствуй, Торик. Ты что-то хочешь?
–Я хочу поговорить с тобой.
–Говори.

Торик хотел **выяснить** несколько вещей.

–В начале пути викинги **сомневались**. Они задавали тебе много вопросов, потому что не знали, есть ли на западе земля. Но ты повёл себя, как настоящий ответственный вождь, и мы прибыли к этой земле.
–Да. Давай **ближе к делу**, Торик.
–Тот человек, который тебе всё рассказал... Кто он был?
–Человек, который мне сказал, что эти земли существуют?
–Да, именно.

Вождь Эскол **оглянулся вокруг**.
–Что случилось? –спросил Торик.

—Где Нильс?

—Я думаю, он спит.

—Человек, который рассказал мне это, был его отец.

—Его отец?

Торик очень удивился. Отец Нильса был тем **таинственным** человеком?

—Я думал, что отец Нильса умер в экспедиции по дороге на восток.

—Это была секретная миссия. **Никто ничего не узнал**. Я послал его на запад..

—Ты послал его сюда? Ты послал его одного?

—Я послал его на запад **вместе с** тремя викингами. Все они умерли. Отец Нильса умер после возвращения в город.

—Откуда ты знаешь, что мы найдём землю на западе?

—У меня было **предчувствие**. Если он узнает, **он мне этого никогда не простит**.

Торик посмотрел на Нильса, который начал просыпаться.

Вождь Эскол взял Торика под руку.

—Ты не должен рассказывать это Нильсу. Нильс — это самый лучший исследователь, который у нас есть. Он последовал **учениям** своего отца. **Мы не можем себе позволить**, чтобы он сейчас **отвлекался**.

Торик кивнул.

—Я понимаю.

—Теперь надо уходить с пляжа.

Немного позже все викинги взяли свои **секиры** и **щиты** и пошли через близлежащую **сельву**. Это место было огромным. Нильс шёл **во главе** компании, изучая местность вокруг и предупреждая других обо всём, что встречается на пути.

Уже был **полдень**, и солнце сильно пекло. **Было очень жарко.** Многие воины **сняли своё снаряжение**.

Вдруг за холмом они увидели деревню. Нильс сделал знак рукой, и вся группа **остановилась** на холме. Деревня была странной. Дома были непохожими на их дома. Там были мужчины, женщины и дети. Их кожа была темнее, чем у викингов, и украшена множеством **рисунков**. Они носили странную одежду и **говорили на непонятном языке**.

Вождь Эскол спустился с холма первым. Остальная группа следовала за ним.

Сначала **аборигены** очень испугались, а некоторые побежали к своим домам, но вождь Эскол **успокоил их**.

—**Мы не сделаем вам вреда!** —сказал он.

Появился вождь местного племени и предложил ему напиток. Вождь Эскол попробовал его. Это была вода.

Викинги разговаривали с местными жителями несколько часов и узнали многое.

Вождь Эскол собрал всех викингов и сказал им:

—Воины, нам нужно принять решение. Мы не знаем, где мы находимся. И я должен вам кое в чём признаться. Я не знаю, как вернуться домой.

Викинги на несколько минут замолчали.

Вождь Эскол продолжил:

—Я подумал, что мы можем остаться здесь жить.

—Что? —сказал Торик.

—**Серьёзно?** —сказал Нильс.

Вождь Эскол посмотрел в сторону **аборигенов** и сказал:

—Эти добрые люди знают местную землю и **природу**. Они предложили нам остаться. **У нас нет выбора**. Мы не можем вернуться домой.

—Мы бросим наши семьи? — сказал один викинг.

—Посмотри на наши корабли! Шторм почти **разрушил** их!

Викинг понимал, что вождь был прав. У них не было выбора. Им было нужно оставаться жить здесь. Вождь Эскол продолжал свою речь.

—Разумеется, если **кто-то хочет вернуться**, он может вернуться. С сегодняшнего дня я больше не ваш вождь, я просто один из вас.

Прошло несколько дней. За это время сформировалось две группы.

Одна группа была из тех, кто решил остаться на новых землях, а другая — из тех, кто хотел вернуться домой, пусть даже на **разбитых** кораблях.

Вторая группа отплывала от берега, чтобы попытаться найти свою родную землю, а первая группа провожала их на берегу.

Вождь Эскол сидел у **костра** и разговаривал с Ториком и Нильсом.

—Я очень сожалею.

—Не переживай, вождь. Ты хотел лучшей доли для нашего народа. Произошли вещи, которых мы не ожидали. Но это место подходит для жизни — ответил ему Торик.

—**Я буду продолжать исследовать** новые земли, вождь. Не переживай. **Мы будем счастливы здесь**.

Викинги были в Америке, а **аборигены**, которых они встретили, были американскими индейцами. Но они никогда этого не узнали.

Несколько недель спустя жители Асглора увидели на **горизонте** корабль викингов. Жена вождя Эскола с надеждой всматривалась вдаль, ожидая увидеть своего мужа.

Приложение к главе 3

Краткое содержание

Вождь Эскол рассказывает Торику, что человек, который рассказал ему о том, что на западе есть земля, - это отец Нильса. Викинги встречают аборигенов этих земель, и вождь говорит своему племени, что возвращаться домой опасно. Одна группа викингов остаётся жить на новой земле, а другая отправляется в обратное путешествие на сломанных кораблях. Новая земля – это Америка.

Словарь

- **позавтракали** = had breakfast
- **провизия** = supplies
- **выяснить** = clarify
- **сомневались** = doubt
- **ближе к делу** = get to the point
- **оглянулся вокруг** = he looked around
- **таинственный** = mysterious, enigmatic
- **никто ничего не узнал** = nobody knew nothing
- **вместе с** = together with

- **предчувствие** = premonition
- **он мне этого никогда не простит** = (he) will never forgive me
- **учения** = teachings
- **мы не можем себе позволить** = we can't allow
- **отвлекался** = got distracted
- **секиры** = axes
- **щиты** = shields
- **сельва** = rainforest, jungle
- **шел во главе** = was the frontrunner
- **полдень** = midday
- **было очень жарко** = it was very hot
- **сняли своё снаряжение** = they took off their armours
- **остановилась** = stopped
- **говорили на непонятном языке** = they spoke a very strange language
- **аборигены** = natives
- **успокоил их** = he reassured them
- **мы не сделаем вам вреда** = we don't want to hurt you
- **Серьезно?** = Seriously?
- **природа** = nature
- **у нас нет выбора** = we have no choice
- **разрушил** = destroyed

- **кто-то хочет вернуться** = whoever wants to leave
- **прошло несколько дней** = in the following days
- **костер** = campfire
- **я буду продолжать исследовать** = I'll keep exploring
- **мы будем счастливы** = we'll be happy
- **горизонт** = horizon

Вопросы с вариантами ответов
Выберите один верный, по вашему мнению,
ответ на каждый вопрос.

11. Кто рассказал вождю Эсколу о землях
    на западе?
    - а. Отец Эскола
    - б. Отец Торика
    - в. Отец Нильса
    - г. Ни один из перечисленных

12. Что обнаружили викинги, когда начали
    исследовать новые земли?
    - а. Ещё больше животных
    - б. Группу викингов
    - в. Группу аборигенов
    - г. Ни одно из перечисленных

13. Почему викинги разделились на две
    группы?
    - а. Чтобы не пропасть с голоду
    - б. Чтобы сражаться
    - в. Чтобы продолжать
    исследовать новые земли
    - г. Ни одно из перечисленных

14. Вождь Эскол решает...
    - а. вернуться в город
    - б. продолжать исследовать земли
    - в. остаться
    - г. сражаться

15. Что появляется в городе Асглор?
    а. Один корабль
    б. Два корабля
    в. Три корабля
    г. Ни одно из перечисленных

Ответы к главе 3

11. в
12. в
13. г
14. в
15. а

8. Лариса, женщина-невидимка

Глава 1. Происшествие

Лариса была женщиной среднего возраста. Она работала **секретарём** в одном **офисе** в Москве, столице России. Она работала много и каждый день **очень поздно** уходила с работы. У неё была неплохая **зарплата**, но она хотела **зарабатывать** больше. По выходным **по вечерам она ходила** в свой любимый бар с группой друзей и подруг.

Москва — это город с богатой культурной жизнью, с большим разнообразием людей из самых разных уголков страны и даже мира. Когда Лариса **гуляет** по улицам, она **понимает**, сколько разных людей живёт в городе и сколько здесь интересных мест. Но иногда ей хочется спокойствия, и поэтому время от времени на выходные она уезжает **за город**.

Однажды, в **самый обычный выходной день**, Лариса **ехала** в своей машине с другом и подругой: Игорем и Еленой. Они друзья **с самого детства**.

Лариса выехала из Москвы и остановила машину **за городом**. Здесь много парков и красивая природа, где хорошо отдыхать и жарить шашлыки.

–Где мы, Лариса? – спросил Игорь.

–Мы за городом, недалеко от Москвы. Здесь можно пожарить шашлыки.

–У нас с собой достаточно продуктов для шашлыков?

–Да, всё в машине. Давайте доставать **сумки**.

Лариса, Игорь и Елена достают **сумки** из машины, чтобы начать **жарить мясо** на шампурах. Елена **разжигает угли**, чтобы зажечь **огонь** для шашлыков.

Лариса вспоминает, что ей **нужно позвонить по мобильному телефону**, и говорит своим друзьям:

– Игорь, Елена! Я сейчас вернусь. Мне нужно сделать звонок **по работе**.

–Ты всегда работаешь, даже в выходные – сказал Игорь.

– Игорь прав, – сказала Елена, – **тебе нужно больше отдыхать**. Ты слишком много работаешь. В выходные надо отключаться от работы.

—Вы правы, – ответила Лариса, – но мне нужно сделать этот звонок.

Лариса **отошла подальше** от друзей, к лесу. Деревья были очень высокие, и уже темнело. Почти ничего не было видно. Она позвонила своему **начальнику** и поговорила с ним о разных вещах по работе. Вещах, которые они уже сделали за прошлую неделю, и которые нужно было сделать **на следующей неделе**.

Вдруг она **увидела** что-то. **Среди** деревьев светил **странный свет непонятного происхождения**. Лариса **повесила трубку** и положила мобильный в карман.

Она приблизилась к свету. Свет **исходил** от небольшого предмета, очень странного, который был среди деревьев. Лариса дотронулась до предмета и **свет погас**. Она не знала, что это, и поэтому оставила предмет **на месте**.

Лариса вернулась к своим друзьям и вспомнила, что ей нужно принести кое-что из машины. Она пошла к машине, и когда вернулась, села рядом со своими друзьями Игорем и Еленой. Они говорили о ней.

–Да, – сказал Игорь, – Лариса слишком много работает. **Ей нужно выключать мобильный** в выходные.

–Я с тобой согласна, – сказала Елена, – столько работать не годится. И **тело**, и **голова** нуждаются в отдыхе.

Лариса встала, чтобы помочь с шашлыками: от углей уже шёл **дым**. Но случилось странное. Игорь и Елена на неё не смотрели.

«Почему они на меня не смотрят?» - подумала Лариса.

Лариса **стала махать им руками,** но ни один из них не отреагировал. Они не знали, что она здесь. Они продолжали говорить, как будто её здесь не было. Они её не видели!

«Как это странно. Они меня не видят! Я невидимая? Ничего себе! Я невидимая! Ха-ха-ха! Но почему?»

Лариса вспомнила странный предмет, который она нашла среди деревьев. Она подумала о том свете, который исходил от него, и что он погас, когда она до него дотронулась.

«Может быть, это из-за того предмета? Теперь я невидимка? **Вот здорово, надо**

этим воспользоваться! Пойду послушаю, о чём говорят Игорь и Елена!

Игорь и Елена продолжали разговаривать. Игорь снимал шашлыки с огня и раскладывал по **тарелкам**. Елена помогала ему и ставила **напитки** на стол.

—Да, Игорь, – сказала она, – Лариса работает много, но это нормально. **Она много лет училась**, и очень усердно. **Она достойна** хорошей работы и хорошей **зарплаты**.

—Но платят ей недостаточно, – сказал Игорь.

—Это правда, но в будущем наверняка она будет **зарабатывать** больше. **Она достойна очень многого**.

—Это правда. Я очень **горжусь** тем, что я её друг, но нам нужно, чтобы она больше отдыхала по выходным. Смотри, мы жарим шашлыки, а она ещё говорит со своим начальником по телефону.

—Её начальник очень строгий. Он всегда требует, чтобы она много работала.

—Она работает много и очень хорошо. Её начальник должен знать, что она самый лучший работник.

Лариса поняла, что друзья её очень уважали. Ей не нравилось **подслушивать**, что о ней говорили, но она **не могла не поддаться искушению**. Всё, что о ней говорили, было очень хорошее, и она **покраснела**.

—А кстати, —сказал Игорь, — где она?

—Я не знаю, но она уже давно как ушла поговорить по мобильному. Она уже долго разговаривает.

—Пойдём найдём её.

Они потушили огонь под шашлыками и пошли к лесу. Там они увидели странный предмет.

—Смотри, Елена, что это?

—Я не знаю. Выброси это. Нам не нужен лишний **хлам**.

И странный предмет так и остался в лесу.

Когда Игорь и Елена вернулись на поляну, машины Ларисы там не было. Лариса вернулась в Москву. Там она **оставила машину** недалеко от Тверской улицы и пошла гулять по Красной площади. Никто её не видел.

«Никто меня не видит! Невероятно!»

И сразу же **ей в голову пришло** множество способов, как воспользоваться своим новым свойством невидимки.

Приложение к главе 1

Краткое содержание

Лариса – это женщина средних лет, которая работает секретарём. Она много работает, но в выходные выезжает на отдых со своими лучшими друзьями, Игорем и Еленой. Однажды они поехали на шашлыки. В лесу Лариса нашла странный предмет. Этот предмет сделал Ларису невидимой. Она вернулась на машине в центр Москвы, чтобы воспользоваться своими свойствами невидимки.

Словарь

- **происшествие** = happening
- **секретарь** = administrative assistant
- **офис** = office
- **зарплата** = salary
- **по вечерам она ходила** = she spent her afternoons
- **гуляет** = has a walk
- **понимает** = realise
- **за город** = the outskirts

- **самый обычный** = like any other
- **ехала** = was driving
- **с самого детства** = from childhood
- **сумки** = the bags
- **жарить** = to grill
- **мясо** = meat
- **разжигать угли** = heat up the embers
- **огонь** = fire
- **нужно позвонить** = (she) has to make a call
- **мобильный телефон** = mobile phone
- **по работе** = due to work
- **тебе нужно больше отдыхать** = you should rest more
- **отошла подальше** = distanced
- **начальник** = boss
- **на следующей неделе** = for the next week
- **среди** = in the middle
- **странный свет непонятного происхождения** = a strange light of some kind
- **повесила трубку** = hang up the call
- **исходил** = came from

- **погас** = turned off
- **на месте** = where it was
- **ей нужно выключать мобильный** = (she) should turn off the mobile phone
- **тело** = body
- **голова** = mind
- **дым** = smoke
- **стала махать им руками** = started to make signs (to them)
- **надо этим воспользоваться** = I have to take advantage of this
- **Вот здорово!** = It's awesome!
- **тарелки** = plates
- **напитки** = drinks
- **она много лет училась** = she studied for many years
- **она достойна** = she deserves
- **зарабатывать** = earn
- **она достойна очень многого** = she is worth a lot
- **горжусь** = proud
- **подслушивать** = listen in
- **не могла не поддаться искушению** = she couldn't resist it
- **покраснела** = (she) blushed
- **хлам** = junk
- **оставила машину** = parked

Вопросы с вариантами ответов
Выберите один верный, по вашему мнению,
ответ на каждый вопрос.

1. Кем работала Лариса?
   а. Секретарём
   б. Директором
   в. Экономистом
   г. Не работала

2. Она была...
   а. молодой девушкой
   б. женщиной средних лет
   в. пожилой женщиной
   г. неизвестно

3. Её лучшего друга и подругу звали...
   а. Игорь и Василиса
   б. Алексей и Василиса
   в. Игорь и Елена
   г. Игорь и Алексей

4. Её друзья считали, что Лариса...
   а. должна искать работу
   б. работает мало
   в. работает много
   г. ни одно из перечисленного

5. С помощью странного предмета
   Лариса...
   а. стала сильной
   б. смогла летать

в. стала невидимой
г. ни одно из перечисленного

Ответы к главе 1

1. а
2. б
3. в
4. в
5. в

Глава 2. Обман

Лариса гуляла по Красной площади, затем прошла на Тверскую улицу, а потом на Старый Арбат. Это пешеходная улица, где много **торговцев, продающих** самые **разные вещи**. В тот день торговцев было много, и можно было **купить** много разных вещей.

Лариса подошла к одному из прилавков. Люди её не видели, но могли её чувствовать при **прикосновении**. **Она должна быть осторожной**. Она примерила разную **одежду** и украшения, но ничего не взяла. Ей нравилось быть невидимой, но она не хотела **воровать**.

Её друзья, наверное, **волнуются**, но она хотела ещё немного погулять. Ей нравилось быть невидимой, и она хотела посетить много разных мест и увидеть ещё много вещей. **У неё появилась идея**: она пошла в **офис**, к себе на работу. Она **вспомнила**, что её начальник сегодня, в субботу, собирался быть в офисе, потому что было много **работы**.

Камеры наблюдения не **засняли** её. Она вошла в дверь вместе с каким-то

сотрудником и поднялась на **этаж**, где работал начальник. Здание было многоэтажным. Её офис был на шестом этаже, и начальник был там.

Начальник разговаривал с **управляющими** компании:

—Наши **сотрудники** работают очень хорошо. Компания получает **прибыль**, но не слишком много. Нам нужно **расширять бизнес**, чтобы больше зарабатывать.

«У **компании** дела идут хорошо, а я зарабатываю мало? Как это несправедливо!» —подумала она.

—У меня есть сотрудница, её зовут Лариса. Она работает у нас **уже 5 лет**. Она очень хороший работник. Всегда работает по многу часов и **никогда не попросила** прибавки к зарплате. **Мне очень жаль**, что я не могу платить Ларисе больше, но деньги, которые компания заработала, мы потратили на ремонт **здания**.

«Ничего себе! Мой начальник **признаёт**, что я хороший работник! Я думаю, что я **слишком рано** расстроилась. Теперь я знаю, что он хочет платить мне больше, чтобы у меня была лучше зарплата...»

Лариса почувствовала любопытство и пошла в кабинет Антона. Антон был одним из **управляющих** компании, и Лариса захотела узнать, какие документы он хранил в офисе.

«Я не хочу ни воровать, ни **шпионить**, но мне всегда хотелось знать, чем занимается Антон.»

Антон также работал на другую компанию. Он был управляющим двух компаний, но у этих двух компаний было **мало работы**, и ему приходилось работать в обеих. Лариса издалека продолжала слышать разговор своего начальника, пока просматривала документы:

—Антон, скажи мне. Ты помнишь, я предложил проект на основе нашей общей идеи. Этот проект может принести нам много денег. Это **можно сделать**?

—Нет, я сожалею, – ответил тот, – но этот проект сделать нельзя. Он слишком сложный, и в него нужно будет вложить слишком много денег. **Мы не должны** его начинать.

Пока Лариса это слушала, она **нашла** в документах Антона тот самый проект. Антон сделал все расчёты по этому проекту, это правда. Но он говорил неправду. Этот проект был очень прибыльным.

«Почему Антон не хочет делать этот проект? Это очень хороший проект! Почему он **лжёт**? Не понимаю.»

Тогда Лариса вдруг поняла. Другая компания, в которой Антон был управляющим, из-за этого проекта **потеряла бы прибыль**. Эта компания не хотела, чтобы компания, в которой работает Лариса, занималась этим проектом.

«Какой эгоист! Если мы не начнём этот проект, то **я потеряю работу**!

Все вещи, которые Лариса брала в руки, также **становились невидимыми**. Поэтому у неё возникла идея. Она взяла проект Антона и **подождала, пока все ушли**. Когда настал вечер, все ушли из офиса, и её начальник тоже.

Лариса вошла в кабинет начальника и оставила папку с проектом на его столе.

Было уже темно, и Лариса решила отправиться домой. Она поехала домой **на автобусе**. Она зашла в свою квартиру **бесшумно**. Там был её муж.

В последнее время они с мужем часто ссорились. **Они уже не были так**

счастливы, как раньше. Но когда она вошла в дом, муж **плакал**.

«Что с ним? —подумала Лариса.»

—Вы уверены? —говорил Андрей.

Андрей разговаривал по телефону с полицией. Лариса пропала уже много часов назад, и Андрей очень волновался. К ним домой пришла сестра Андрея.

Андрей повесил трубку и опять заплакал.

Лариса теперь поняла. Андрей **очень её любил,** и он **страдал**. Он хотел всё исправить. **Он хотел улучшить их отношения**. И тогда она подумала... Как стать видимой опять?

Лариса никого не хотела пугать. Она также не хотела никому рассказывать, что произошло, ни что она сделала в офисе, но ей больше **не хотелось быть невидимой**. Это уже было не так весело.

«Надо найти тот предмет! Точно!» — подумала она.

Лариса должна была снова дотронуться до того предмета. Ей нужно поехать на машине в то же самое место. Но ей нужно быть очень осторожной с машиной, чтобы кто-нибудь не увидел, как машина едет без водителя внутри.

Она села в машину и поехала по улицам Москвы. Была ночь, и машин было немного. Она старалась ехать по тем улицам, где было мало людей.

Она приехала туда, где они с друзьями жарили шашлыки. Но там были не только её друзья, а ещё очень много народу. **Десятки** человек. **Что происходит?**

Приложение к главе 2

Краткое содержание

Лариса гуляла по центру Москвы. Затем она решила пойти в свой офис. Её начальник вёл там переговоры с управляющими. Одного из управляющих звали Антон. Антон обманывал начальника Ларисы по поводу одного проекта. Этот проект принёс бы компании много денег. Лариса оставила папку с расчетами по проекту на столе своего начальника. Она вернулась домой и увидела своего мужа Андрея, который плакал и был очень обеспокоен. Она решила вернуться в то место, где они с друзьями жарили шашлыки, чтобы перестать быть невидимой.

Словарь

- **торговцы** = merchants
- **купить** = buy
- **продающих** = selling
- **разные вещи** = all kinds of things
- **прикосновение** = touch
- **она должна быть осторожной** = (she) has to be careful

302

- **одежда** = clothing
- **воровать** = steal
- **волнуются** = worried
- **у неё появилась идея** = (she) had an idea
- **офис** = office
- **вспомнила** = remembered
- **много работы** = a lot of work
- **камеры наблюдения** = CCTV
- **засняли** = recorded
- **сотрудник** = office worker, clerk
- **этаж** = floor
- **управляющий** = executive, manager
- **сотрудники** = employees, workers
- **прибыль** = benefits
- **расширить бизнес** = expand business
- **компания** = company
- **уже 5 лет** = for 5 years
- **никогда не попросила** = (she) had never requested
- **мне очень жаль** = it saddens me
- **здание** = building
- **признаёт** = recognises
- **слишком рано** = prematurely
- **шпионить** = spy
- **мало работы** = little work
- **можно сделать** = possible to do

- **мы не должны** = we shouldn't
- **нашла** = found
- **лжёт** = (he) lies
- **потеряла бы прибыль** = would lose profit
- **я потеряю работу** = I'll lose my job
- **становились невидимыми** = they became invisible
- **подождала, пока все ушли** = waited until all were gone
- **на автобусе** = by bus
- **бесшумно** = without a noise
- **они уже не были так счастливы, как раньше** = they weren't as happy as before
- **плакал** = cried
- **очень её любил** = (he) loved her very much
- **страдал** = was suffering
- **хотел улучшить их отношения** = (he) wanted to fix their relationship
- **не хотелось быть невидимой** = be no longer invisible
- **десятки** = dozens
- **Что происходит?** = What is going on?

Вопросы с вариантами ответов
Выберите один верный, по вашему мнению, ответ на каждый вопрос.

6. Где гуляла Лариса?
   - а. По Красной площади
   - б. За городом, под Москвой
   - в. В одном магазине Москвы
   - г. На окраине Москвы

7. Куда Лариса решила поехать сначала?
   - а. К себе домой
   - б. В офис
   - в. За город
   - г. В другой город

8. Антон, один из управляющих компании...
   - а. хотел уйти из компании
   - б. хотел уволить Ларису
   - в. лгал по поводу одного проекта
   - г. ни одно из вышеперечисленных

9. Лариса оставила в кабинете у начальника...
   - а. деньги
   - б. письмо
   - в. проект
   - г. не оставила ничего

10. Что нужно сделать Ларисе, чтобы перестать быть невидимой?

    а. Снова прикоснуться к предмету

    б. Разбить предмет

    в. Унести предмет из леса

    г. Лариса хотела продолжать быть невидимой

Ответы к главе 2

6. а
7. б
8. в
9. в
10. г

Глава 3. Предмет

Лариса вернулась в парк, где они с друзьями несколько часов назад жарили шашлыки. Там было много народу. Там было гораздо больше людей, **чем она ожидала**. Что они там делали? Почему там было столько людей?

Елена и Игорь были в центре **толпы**, но они говорили только **друг с другом**. Они сидели за столом. На столе ещё оставалась неприготовленная еда и напитки, которые расставила Елена.

Все люди на поляне искали Ларису. Это были друзья Ларисы, её родственники, полиция и просто жители Москвы, которые пришли на помощь.

—Елена, я не знаю, где она может быть, – сказал Игорь.

—Не волнуйся, – ответила она,– я уверена, что она может объявиться **в любой момент**. Но всё это очень странно.

—Да, Елена, это очень странно. Она пошла позвонить по мобильному и вдруг исчезла.

—И вправду загадочно.

Лариса слушала их разговор вблизи. Она хотела опять идти в лес, чтобы дотронуться до того предмета. Она больше не хотела быть невидимой. Она была уверена, что если она прикоснётся к предмету, то она опять станет видимой.

—Послушай, Елена, — продолжил разговор Игорь.
—Что?
—Ты помнишь тот предмет, который мы нашли?
—Да, помню, какой-то хлам.
—**А вдруг это что-то важное**?

Лариса хотела, чтобы её друзья ничего не узнали. Это просто **сумасшедшая история**. Она хотела **снова стать нормальной**. Она хотела наладить свои отношения с Андреем. Она хотела вернуться на работу, **чтобы посмотреть, как идёт** проект.

—Давай пойдём и посмотрим, что это за предмет. Ведь Лариса исчезла именно там, — наконец сказала Елена.
—Пойдём посмотрим.

Лариса **побежала** к тому месту, где был предмет, чтобы **опередить** Елену и Игоря. Она прибежала в небольшой **лес**, где нашла тот предмет. Она искала его среди деревьев, но он исчез!

«Где он? Где же он? **Он должен быть** где-то здесь».

Лариса по-прежнему была невидимой. Игорь и Елена не могли её видеть, но они **приближались**. Она слышала их **шаги**.

«Я должна его найти. Он должен быть здесь.»

Игорь и Елена по-прежнему говорили друг с другом. Они прошли рядом с Ларисой.

—Он должен быть где-то здесь, Елена. Я помню.
—Посмотри в **кустах**.
—Уже иду.

И действительно, Игорь нашёл тот предмет в **кустах**. Он не светился, но Лариса его узнала. Это был именно тот предмет, до которого она дотронулась. Ей нужно было **придумать, как** снова дотронуться до этого предмета. Она хотела стать снова видимой, но не хотела никому рассказывать, что произошло.

—Что это? – спросила Елена.

—Не знаю. Это что-то **круглое** и металлическое, но **не знаю, для чего оно служит**.

—Это может **быть связано с** исчезновением Ларисы?

—Не знаю, каким образом. Я сомневаюсь, что это как-то связано.

—**Тогда положи его на место**.

Лариса успокоилась. Предмет опять остался в кустах. Теперь Игорь и Елена должны уйти. Она хотела дотронуться до предмета. Сделает ли он её снова видимой? Она не знала, но хотела попробовать.

Игорь и Елена ушли и начали искать Ларису среди деревьев. Другие люди тоже начали искать Ларису в лесу, на близлежащих **улицах**, в окрестных **районах**.

Естественно, никто её не нашёл, потому что Лариса **спряталась** среди деревьев. Когда все вышли из леса, она подошла к **кустам**. Она взяла загадочный предмет в руки.

Предмет **начал светиться**. Лариса почувствовала лёгкое **щекотание** во всём теле. Предмет снова светился. Она взяла его и спрятала в кармане куртки.

Она вышла из леса. **Сработал ли план?**

–Лариса! – удивились все.

– Лариса! Ты здесь! Где ты была? – спросили Игорь и Елена.

–Я была... я была ...

Лариса не знала, **говорить ли правду**. Раньше она не хотела рассказывать правду, но теперь сомневалась. У неё был предмет. Это было **доказательством**.

–Мне нужно рассказать вам что-то очень важное и **в то же время** невероятное.

–Лариса! – позвал **голос** из толпы.

Сначала Лариса не видела, кто это, но потом поняла, что это её муж Андрей.

Андрей подошёл к Ларисе и крепко **обнял** её. Он **поцеловал её в губы** и сказал:

–Где ты была? Мы все очень волновались!

–Я была... была... Я...

Ещё один голос позвал её из **толпы**.

–Лариса Ивановна. Наконец-то вы нашлись!

Это был её начальник. Он тоже был здесь! Он беспокоился о ней! Она вспомнила о папке с проектом, которую оставила у него в кабинете.

Теперь все были в сборе, и Лариса начала говорить.

—Вы все очень переживали за меня, но у меня есть для вас совершенно невероятная история. **Подождите минуточку**.

Лариса сняла куртку и бросила её на землю.

Андрей, её муж, спросил:

—Что ты делаешь, дорогая?

—**Я покажу вам сейчас кое-что**.

Она вынула из кармана куртки небольшой предмет.

—Это тот самый странный предмет! — сказали в один голос Игорь и Елена.

—Да, и этот странный предмет **стал причиной того, что** я исчезла.

Никто ничего не понимал.

Лариса уже вот-вот собиралась рассказать свою историю, но она увидела, что свет в предмете погас. Она прикоснулась к нему руками, и **ничего не произошло**. Она по-прежнему была видимой.

—Во время своего отсутствия я поняла много вещей.

Она посмотрела на своего начальника, на Андрея и на своих друзей.

–Но оставим историю исчезновения на потом. Сейчас **я хочу домой**.

Андрей снова обнял её, и они отправились домой. Когда они приехали, Лариса сразу же уснула.

Проснувшись на следующее утро, она улыбнулась своему мужу, и он ответил ей улыбкой.

–**Всё будет хорошо** – сказала она ему.

Приложение к главе 3

Краткое содержание

Лариса видит в парке много знакомых людей. Она подслушивает разговор Игоря с Еленой. Они очень обеспокоены. Они отправляются искать странный предмет. Они думают, что этот предмет связан с исчезновением Ларисы. Лариса берёт предмет, когда они уходят. Она дотрагивается до него и снова становится видимой. Когда она возвращается на поляну, то предмет уже не работает. Она ничего никому не рассказывает и едет домой.

Словарь

- **чем она ожидала** = than she expected
- **толпа** = crowd
- **друг с другом** = to each other
- **не волнуйся** = don't worry
- **в любой момент** = anytime
- **А вдруг это что-то важное?** = and if it's more than that?
- **сумасшедшая** = mad, crazy

- **снова стать нормальной** = get back to normal
- **чтобы посмотреть, как идёт** = to see what has happened
- **побежала** = ran
- **опередить** = arrive before...
- **лес** = forest
- **должен быть** = has to be
- **приближались** = (they) were approaching
- **шаги** = steps
- **кусты** = bushes
- **придумать, как** = find a way
- **круглое** = round
- **не знаю, для чего оно служит** = I don't know what this is for
- **быть связано с** = has to do with
- **положи его на место** = put it back where it was
- **улицы** = streets
- **районы** = neighbourhood
- **спряталась** = hid
- **начал светиться** = light up
- **щекотание** = tickle
- **Сработал ли план?** = Did it work?
- **говорить ли правду** = if to tell the truth
- **доказательство** = proof
- **в то же время** = at the same time

- **голос** = voice
- **поцеловал её (в губы)** = he kissed her (lips)
- **подождите минуточку** = wait a moment
- **я покажу вам сейчас кое-что** = I'm going to show you something
- **причина того, что** = the reason...
- **ничего не произошло** = nothing happened
- **я хочу домой** = I want to go home
- **всё будет хорошо** = everything is going to be fine

Вопросы с вариантами ответов
Выберите один верный, по вашему мнению,
ответ на каждый вопрос.

11. В парке Людмила слышит, как
разговаривают друг с другом…
      а. Её начальник и её муж
      б. Её начальник и Игорь
      в. Её муж и Елена
      г. Игорь и Елена

12. Что хотят её друзья?
      а. Вернуться домой
      б. Найти странный предмет
      в. Позвонить в полицию
      г. Позвонить Андрею

13. Что хочет Лариса вначале?
      а. Не рассказывать свою историю
      б. Рассказать свою историю
      в. Остаться невидимой
      г. Ни одно из перечисленного

14. Что сразу же случается, когда Лариса
дотрагивается до предмета?
      а. Она опять становится видимой
      б. Она по-прежнему остается
невидимой
      в. Неизвестно, до тех пор, пока
она не вышла из леса
      г. Ничего не происходит

15. Что произошло в конце истории?

          а. Предмет не работает, и Лариса рассказывает свою историю

          б. Предмет сработал, и Лариса рассказывает свою историю

          в. Предмет не работает, и Лариса не рассказывает свою историю

Ответы к главе 3

11. г
12. б
13. а
14. в
15. в

КОНЕЦ

Thanks for Reading!

We hope you have enjoyed these stories and that your Russian has improved as a result! A lot of hard work went into creating this book, and if you would like to support us, the best way to do so would be with an honest review on the Amazon store. This helps other people find the book and lets them know what to expect.

To do this:

1. Visit http://www.amazon.com
2. Click "Your Account" in the menu bar
3. Click "Your Orders" from the drop-down menu
4. Select this book from the list and leave an honest review!

Thank you for your support,

- Olly Richards & Alex Rawlings

More from Olly & Alex

If you have enjoyed this book, you will love all the other free language learning content we publish each week online.

Our Blogs

Olly Richards:
http://iwillteachyoualanguage.com

Alex Rawlings:
http://rawlangs.com

Podcast

The *I Will Teach You A Language* Podcast

iTunes:
http://iwillteachyoualanguage.com/itunes

Android:
http://iwillteachyoualanguage.cm/stitcherradio

Get all your language learning questions answered! These bitesized weekly episodes are the perfect way to stay motivated on your journey to fluency!

CPSIA information can be obtained
at www.ICGtesting.com
Printed in the USA
BVHW04s0214290618
520421BV00015B/191/P